LA
VÉRITÉ

SUR LES

PRÉTENTIONS DES AYANTS DROIT

DE L'ANCIEN SEIGNEUR, COMTE DE SAULT,

sur les bois et forêts

DES COMMUNES DE SAULT, MONIEUX, AUREL, SAINT-TRINIT,

SAINT-CHRISTOL, LAGARDE,

SIMIANE, LE REVEST-DU-BION ET REDORTIERS,

ET SUR CEUX

DE L'ANCIEN MANDEMENT OU FIEF DE *PIERRE-ROUSSE*.

> On nous dit qu'il y a ici *une jurispru-*
> *dence établie :* nous ne le croyons pas!
> Mais, en tout cas, *contre la vérité* il n'y
> a pas de jurisprudence qui tienne ! car,
> LA VÉRITÉ AVANT TOUT ! !
>
> « *Veritate manifestâ, cedat consue-*
> *tudo veritati.* » (Can. 4, dist. 8. — Fur-
> gole, *du franc-alleu,* chap. 9, *in fine.*)

━━━━◦━━━━

CARPENTRAS.

IMPRIMERIE DE L. DEVILLARIO.

1858

PREMIÈRE PARTIE.

I. — Comme personnellement intéressé (voir ci-après page   ) dans cette importante question *des bois et forêts* dits de l'*Ancien Comté de Sault,* nous nous sommes permis de publier dernièrement un petit travail contenant quelques vues, quelques arguments qui nous semblaient de nature à mériter une réponse ; soit impuissance, soit *majestueux* dédain de répondre ainsi à des gens qu'ils traitent d'usurpateurs, nos adversaires n'ont dit mot, n'ont pas fait imprimer une ligne depuis lors. — Comme le sujet en vaut la peine, nous aurions été bien aise de le débattre au grand jour, de l'élucider par une discussion publique, moins fugitive, plus réfléchie, plus approfondie que celle de l'audience, et de provoquer autant que possible une réfutation que nous ne trouvons,

— disons-le en notre âme et conscience , — dans AUCUN des Mémoires publiés en leur faveur, pas même dans celui du savant M. Béchard, contre les seize particuliers de Saint-Christol, condamnés par le très-déplorable arrêt de Nimes, du 21 août 1844.

Oui , quel que soit le mérite , si incontestable , des auteurs de ces Mémoires , quelle que soit surtout notre infériorité, nous osons affirmer qu'ils sont bien loin d'être démonstratifs et péremptoires ! — Sur une question de cette nature , ils ne disent rien , ou presque rien , — qui le croirait ? — ni du franc-alleu , ni de l'origine des fiefs et de la directe , ni de l'emphytéose, ni des lois de la Révolution, etc..... Au milieu de tant d'autres affaires confiées à leur talent, le temps leur a manqué , sans doute, pour étudier et traiter suffisamment des points de fait et de droit dont la solution ne peut être ni inventée ni devinée , mais qu'il faut chercher patiemment dans l'histoire , dans les anciens auteurs qui ont écrit sur les matières féodales, dans ceux des vieux titres et documents de l'époque qui ont échappé aux ravages du temps , enfin , dans la jurisprudence et les lois anciennes et nouvelles.

Toute leur argumentation repose :

1° Sur la propriété primitive, originaire, — qui n'est rien moins que certaine, — sur la tête des seigneurs ;

2° Sur des maximes et principes du droit féodal, au sujet desquels les anciens auteurs eux-mêmes sont bien loin d'être d'accord, et qui, d'ailleurs, ont fait place à des idées tout à la fois plus humanitaires et plus vraies, — idées que nos lois nouvelles ont consacrées et mises hors de toute discussion ;

Et 3° sur divers actes et documents féodaux, tous interprétés par eux au point de vue de cette propriété primitive, qui est *une chimère*, et de ces maximes et principes, qui sont aujourd'hui, dans une telle cause, tout-à-fait inapplicables et inutiles.

On en convient aisément : cette question de la *pro-priété primitive* ou *originaire*, foncière et universelle, est, sans contredit, LA PLUS IMPORTANTE DE TOUTES, — puisque, mise à part l'exception de possession ou de prescription, c'est de la solution de cette question que dépend le sort de tous les procès soulevés par les préten-tions des ayants droit de l'ancien seigneur. On voudra donc bien nous permettre de donner tous les développe-ments nécessaires pour éclaircir ce point si capital.

II. — Pour justifier de cette *propriété primitive,* fon-cière et universelle sur la tête du seigneur, on cite, tout premièrement, la fameuse *bulle d'or* de l'an 1004, por-tant, dit-on, donation, par Henri II, empereur d'Allema-gne, à Loup-d'Agout, *du château de Sault et sa vallée, avec toute juridiction, haute, basse*, etc. Mais quelle était, dans cet antique document, la chose réellement, *proprié-tairement* transmise ? — Qui nous prouvera qu'à cette époque reculée, il n'y avait point déjà, ainsi qu'il résulte des termes mêmes de cet acte, des *habitants* et *possé-dant biens* à Sault et en sa vallée ? — Qui donc, cet acte en main, pourra raisonnablement affirmer que le seigneur de Sault s'est trouvé, un seul instant, *proprié-taire foncier* du château de Sault et de tout son territoire ? — Que comprenaient ces mots : « *le château de Sault et sa vallée ?* » (Voir pages   ci-après.)

Il faut en dire autant de l'acte qualifié d'*habitation*. du 18 juin 1271 , ainsi que de la sentence arbitrale du 31 octobre 1270 , tous deux relatifs à Saint-Christol , et constatant seulement que le seigneur voulait augmenter le nombre des habitants de cette localité et accroître ainsi son revenu privé ; — rien n'exclut , dans ces actes, tout y fait supposer, au contraire, l'existence, à Saint-Christol , à cette époque éloignée, d'un certain nombre d'*habitants* ou *possédants bien* , ne serait-ce que le prieur, qui y possédait, à lui seul , une *très-notable partie* du territoire. Cette église de St-Christol, déjà alors érigée en *prieuré* , suppose une aggrégation considérable de fidèles ; *corporation communale* ou autre , qu'importe la qualification ? La propriété privée ne date point du tout, comme parait l'entendre M. Béchard (dans son Mémoire, page 11), de l'*affranchissement des communes;* ce sont évidemment deux questions bien distinctes et sans rapport entre elles.

Quant au Revest-du-Bion, à Redortier, et *surtout* à Simiane, — dont l'existence, s'il faut en juger par l'antiquité de sa *rotonde* et des remparts qui s'y relient, parait remonter au delà de l'époque gallo-romaine, jusqu'à l'époque celtique peut-être, — nous savons bien que nos adversaires ont les mains vides de tout *titre primordial* de *propriété foncière !* — Ils n'ont, pour établir cette *propriété primitive* sur leur tête, que certains actes et documents féodaux, qui, A LEUR DIRE, supposent ce titre et en tiennent lieu !!!

Nous examinerons mieux , ci-après, ce que peuvent valoir, pour établir la *propriété originaire* ou primitive en faveur des ayants droit de l'ancien seigneur, ces vieux documents, ainsi que les autres actes produits par eux ; car, avant d'aller plus loin dans l'examen de ces prétendus titres, il est utile d'interroger l'histoire et les anciens auteurs du droit féodal sur cette capitale question *de la propriété primitive* ou *originaire*. Cette étude, loin de démentir, ne fera que confirmer notre interprétation de ces anciens actes, en établissant la *propriété originaire*, non point sur la tête des seigneurs, mais sur celle des communes, ou soit des corporations d'habitants, en général ou en particulier.

Sur cet intéressant sujet, qui amène naturellement l'examen de l'origine de la *directe féodale universelle*, nous avons consulté tous les auteurs les plus accrédités en ces matières, notamment : Salvaing de Boissieu, *Traité de l'usage des fiefs* ; — Furgole, *Traité du franc-alleu*, et la plupart des imposantes autorités qu'il cite ; — Proudhon, *Code des seigneurs* ; — Laboulaye, *Hist. du droit de propriété foncière en Occident* (ouvrage couronné par l'Institut) ; c'est surtout dans ce dernier ouvrage (pages 257, 259, 281, 291, 308, 383) qu'il est démontré que *les fiefs et la directe* ne procédèrent point *d'une propriété originelle et générale* au profit des seigneurs, mais *de la soumission successive des alleux au domaine direct.*

Et ceci, même sous l'empire de la féodalité, était de droit public, en tous pays de *droit écrit* ou *allodial*, et particulièrement dans le Dauphiné ; les habitants, en général ou en particulier, y étaient, de *plein droit*, présumés *propriétaires primitifs des bois* et autres biens, — sauf la preuve, pertinente et concluante, du contraire.

En un mot, la *directe* était, en tels pays, présumée,

de droit, procéder, non point d'une concession seigneuriale *(albergement, bail à fief* ou *à cens,* emphytéose),
mais bien de ce que les habitants avaient fini par soumettre leurs *alleux,* ou patrimoines libres, aux droits des
seigneurs, pour s'assurer protection *(præsidii causâ).*
Voir Salvaing de Boissieu, chapitre XLIV, pages 210 et
211, où il dit que « LA PLUPART des fiefs, en Dauphiné,
» relevant d'autres seigneurs que le Roi, ont été conçus
» de cette manière : le propriétaire se démettait de son
» fonds de *franc-alleu* en faveur de quelqu'un, pour
» une somme convenue, et, par le même acte, l'acqué-
» reur *(qui était toujours un homme plus puissant)*
» le redonnait au vendeur, A LA CHARGE DE LA FOI ET
» HOMMAGE... »

L'historien Auteserre, dans son ouvrage intitulé : *Re-
rum Aquit*, lib. III. cap. XVII, pag. 225, dit : « ..... ipsi
» privati possessores, iniquitate temporum pessumdati,
» PRÆSIDII CAUSA, se et sua prædia POTENTIORIBUS ultrò
» addixerunt et, libertatis damno, PATROCINIUM redime-
» runt. » — Voir aussi Saint-Julien, *Mélanges historiques*. Cet auteur, page 688, dit « qu'il se trouve plus
» de fiefs que les propriétaires ont, de pure volonté, mis
» en l'obéissance des grands, qu'il n'y en a d'établis en
» leur faveur par inféodation ou concession.... » Voir
encore Salvaing de Boissieu, chapitre XXIV, pages 114
et 115, ibid.

« ..... Il ne s'en suit pas, dit le même Salvaing, chapitre 96, page 479, que pour être seigneur justicier
» (ou direct) du territoire dans lequel la forêt est située,
» il soit propriétaire de la forêt, au contraire, la pré-
» somption est pour les habitants : — *car,* comme dit le

» jurisconsulte Imbert, en son *Enchyridion*, v° *usages,*
» *combien que les Roys et autres se disent être seigneurs*
» *des forêts, et l'usage en avoir été baillé aux voisins*
» *par leurs prédécesseurs, toutefois, il est plus vrai-*
» *semblable que, d'ancienneté, et auparavant, les forêts*
» *étaient publiques et communes au peuple ; — ce qui*
» *s'induit encore de la loi 1re, ff. de rer. divis... »*

« ..... Dominus loci, dit encore Cravetta, docteur ré-
gent en l'Université de Grenoble, en son Conseil 153,
n°s 1 et 5, « de jure communi non potest pretendere
» dominium neque proprietatem in bonis publicis, seu
« pascuis universitatis... »

III. — Mais, voyons plus à fond quelle a été l'*origine
des fiefs*, ou soit, de la *directe féodale*, ce qui est tout
un, puisque, en principe, il ne pouvait y avoir de *fief*
sans *directe*, et réciproquement, — puisque le *fief* réservait au seigneur inféodant le *domaine direct* et transférait l'*utile* au feudataire, — ce qui, on le voit tout de
suite, ne pouvait avoir lieu, notons-le bien, que lorsque
l'inféodant ou soit celui qui faisait la concession était
vrai et réel propriétaire.

Il importe de ne point confondre les *fiefs* avec les *bénéfices* usités sous les rois de la première race, simples
concessions pour une ou plusieurs années ou à vie, qui
ne consistaient donc qu'en un jouissance temporaire, sans
transport d'aucune propriété, — concessions ainsi faites
par les rois aux chefs militaires, à ce titre de *bénéfices,*
toujours révocables, n'emportant *ni foi ni hommage*
(voir Oïhenart, *Notitiæ utriusque Vasconiæ*, lib. ii, cap.
xii, pag. 264, 265), ne portant et ne pouvant porter,

— puisque les rois n'avaient pas d'autres biens — que sur les *biens domaniaux*, ou soit, sur cette portion des terres conquises qui, lors du partage qui en fut fait, fut attribuée au roi.

Cette portion fut, suivant les meilleurs auteurs, d'un *tiers* de ces terres conquises. « Nam qui ex hoste capti, » dit Pithou, *ad leg. sal. apud capit. Balus.*, tom. II, » p. 704, PARTIM in publico, vel principi, PARTIM veteri » possessori relinquebantur, PARTIM militibus et vetera- » nis in præmia assignabantur..... » Voir aussi Davissonus, *Tract. de sal. ter. et leg. sal.*, cap. IV, pag. 48 ; — Bignon, *sur Marculphe*, liv. I, ch. XVII, *apud capit. Bal.*, tom. II, page 898 ; — Gregorius Turonensis ; — Mézeray, *Abrégé chron.*, *vie de Clovis ;* — Pocquet, *Des fiefs*, liv. I, ch. 2 ; — Boulainvilliers, *Gouvernement ancien*, tom. I, pag. 45 ; — Furgole, *Traité du franc-alleu.*

Puisque le roi n'eut en propriété, *dans son domaine,* qu'une portion *(un tiers)* des terres conquises, comment admettre, avec quelques auteurs, — tels que Galand, *du franc-alleu*, chapitre 7, page 99, — « que le Roi étant » SEIGNEUR de toutes les terres qui sont dans son royaume, » elles doivent être présumées procéder de ses prédéces- » seurs... » , de sorte que l'origine des *fiefs* ou soit de la *Directe féodale universelle* serait dans la royauté ? — pour que cela fût, il aurait fallu que le roi eût acquis *tous les biens* de son royaume (ainsi que le fit Pharaon, roi d'Égypte), et qu'ensuite il les eût concédés en fiefs, — chose qu'on ne voit nulle part dans l'histoire !

Bien loin que le roi eût acquis, depuis l'établissement de la monarchie et le partage des terres, celles qui étaient

échues au lot des particuliers, on va voir au contraire
que les particuliers usurpèrent, sur le déclin de la 2ᵉ race
de nos rois, presque tous les domaines de la couronne.
«La monarchie de France, dit Furgole, *ib*. ch. 2, EST
» ROYALE et non SEIGNEURIALE; de sorte que la puissance
» publique de nos rois ne s'étend qu'au commandement
» et à l'autorité, et non point à entreprendre la seigneurie
» des particuliers...» Voir aussi Bodin, *de la républ*.
liv. II, chap. 2 et 5; — Loyseau, *des seigneuries*,
chap. 2, nomb. 52 et suiv.; — «*Sub optimo rege, om-*
» *nia rex* IMPERIO *possidet, singuli* DOMINIO », dit Sénè-
que, *de benef*. lib. VII cap. IV et V; « Quelque chose
» qu'aucuns disent de votre puissance ordinaire, disait au
roi Charles VII Jean Juvénal des Ursins, archevêque de
Rheims, chancelier de France, vous ne pouvez pas pré-
» tendre le mien. Ce qui est mien n'est point vôtre, peut
» bien être qu'en la justice vous êtes souverain et va le
» ressort à vous; vous avez votre domaine et chacun particulier a le sien....» (Voir : *les Opuscules* de Loysel,
page 490 ; le Président Le Bret, *de la souver. du roi*,
liv. IV, ch. 2, édit. de 1643, pages 516 et 517.)

Non, la Directe féodale universelle n'a jamais, à coup
sûr, procédé de la royauté; presque tous les anciens
jurisconsultes et historiens, au moins les plus considéra-
bles, sont d'accord sur ce point. Voir encore : Puffendorff,
Du Droit de la nat. et des gens, liv. VIII, chap. V, § II;
— Dumoulin, *sur la coutume de Paris*, § 68; —
Rebuffe, *De Congr. port. num.* 124 et sequ.; — Phi-
lippy, *Rép.* 39; — Raynatius, *V. et uxorem*, décès, 2
num. 13 et 49; — Casencuve, *du franc-alleu*, liv. II,
chap. IX, nᵒˢ 12 et 49; — Heineccius, *Elem. jur. not.
et gent.* lib. II, §§ 131 et 133.

IV. — L'usurpation que les grands, sous les rois de la 2ᵉ race, firent des biens domaniaux, qu'ils possédaient à titre de *bénéfices* et de *gouvernements*, donna naissance aux fiefs, et, dès lors, il ne fut plus question de *bénéfices*, mais de ꜰɪᴇꜰs transmissibles, irrévocables, sauf le cas de félonie, héréditaires, à la charge de certains services, et, notamment, de *la foi et hommage*. — Cette création de *fiefs* et *arrière-fiefs* fut un moyen que les usurpateurs mirent en usage pour se maintenir dans leurs usurpations. Voir : S.-Jullien, *mélang. hist.*, *des fiefs*, chap. v, pages 675, 695, 696, 697, 698 ; — Boulainvilliers, *Dissert. sur la nobl.* pages 102, 103, 105 ; — «..... il est croyable, dit Mézeray, ibid. *Vie* » *d'Hugues Capet*, tom. ɪɪ, pag. 460, en parlant des » ducs et des comtes, — qu'eux-mêmes avaient, les pre- » miers, donné les terres qui dépendaient d'eux à leurs » vassaux, afin qu'ils fussent intéressés à les maintenir » dans leurs usurpations... » Voir encore : Chantereau, liv. ɪɪ, chap. ɪ et vɪɪɪ ; — Boulainvilliers ; — Pocquet, *Traité des fiefs*, liv. ɪ, ch. ɪ ; — Daniel, *Histoire de la mil. franc.* liv. ɪɪ, chap. ɪ, pag. 42. — Auteserre, *de duoibus et comit. prov.*, fait une énumération exacte des biens et droits usurpés par les ducs et comtes.

Huges Capet, parvenu à la couronne, les confirma (1) dans la propriété de ces biens, avec cette condition pourtant qu'ils tiendraient du roi ces mêmes biens *sous la foi et l'hommage*, les services et autres choses qui sont une suite du *droit féodal*, lequel, comme l'a fort bien

____

(1) Mézeray a révoqué en doute cette confirmation. Voir cet auteur, *ibid.* *Vie de Hugues Capet*, tom. ɪɪ, page 400, et du Haillan, vie du même prince.

observé Daniel, *ibid.* liv. III, chap. I, fut, à proprement parler, établi en ce temps-là. Voir encore : Chantereau, *de l'orig. des fiefs,* liv. I, chap. III ; — Auteserre, *de ducib. et comit.* lib. I, cap. v ; — Du Haillan, *Vie* de *Hugues Capet,* pages 329, 330 ; — Dupleix, *Vie* du même prince, tom. II, pag. 10 ; — Loyseau, des *seigneuries,* ch. v. N°s 37, 38 et seq. ; — Belleforêt, *Vie de Hugues Capet,* liv. III, chap. II.

Aussi ne trouve-t-on aucune trace des *fiefs* avant le siècle de ce chef de nos rois de la 3e race. Voir : Chantereau, ibid. liv. II, chap. I ; — Banage, *sur le titre des fiefs ;* — S.-Jullien, *mélang. histor. des fiefs,* chap. v.

V. — Tel fut le sort des *terres domaniales* (1) ; — quant aux autres, possédées par les Français et les Gaulois, on ne peut pas douter qu'elles ne fussent de vrais *alleux* ou *patrimoines libres,* ne relevant que de *Dieu seul,* « *ab ullo alio quàm de Deo.* » — En expliquant ces mots : « *aut super proprietate, aut super fisco* », le savant Jérôme Bignon s'exprime en ces termes : « ...His » verbiâ DUÆ notantur bonorum species ; OMNIA namque » prædia aut PROPRIA erant, aut FISCALIA ; — propria seu » PROPRIETATES dicebantur QUÆ NULLIUS JURI OBNOXIA ERANT ; » — fiscalia verò, BENEFICIA, sive fisci vocabantur, quæ » a rege, ut plurimùm, posteàque ab aliis ita concede- » bantur ut certis servitiis cum vità accipientium finiren-

---

(1) La plupart des provinces et des grandes seigneuries, ainsi distraites et démembrées de la couronne ou du domaine, y ont été réunies dans la suite des temps, au moyen des alliances par mariage, et en diverses autres occurences (conquêtes et confiscations, au cas de félonie). Voir : Sainte-Marthe, *Histoire généal. de la maison de Franc.* liv. XII, en la *Vie de Hugues Capet,* tom. I, page 438.

» tur....» — Bignon, *sur Marculphe*, lib. i, cap. ii. *apud capit. Balusii.* tom. ii, p. 875. — De sorte que tous les héritages qui ne venaient pas de la couronne, qui n'étaient pas *domaniaux*, étaient des *alleux*. — Voir encore le *supplément à la dissert. sur la nobl. de France*, de Boulainvilliers. verb. *Alleu*, et verb. *Bien-allod.*

L'allodialité des terres était donc, dans l'origine, de droit commun, la condition générale des fonds. Voir : Ranchin. *Décis, part.* 5, *concl.* 207 *in quæst.* 28 *guid. pap. ; —* Lemaître, *traité des amortiss.* chap. v ; — Rebuff. *in tract. de constit. redit.* artic. 2, gloss. unic. numer. 12 et 14 ; — Menoch. *de præsumpt.* lib. 3 ; — Bacquet, *traité du droit des francs-fiefs*, chap. ii, nomb. 23 et 24 ; — Despeisses, *Droits seign.* tit. ii, § v, et tous les auteurs qu'il cite.. — On ne connait ni loi, ni traité, ni révolution qui ait changé cette condition générale des fonds, au moins dans les pays *de droit écrit*, qui suivaient le droit romain, tels que le Dauphiné, la Provence, le Languedoc, la Guienne, etc.

Quant aux pays *coutumiers*, ceux précisément où se trouvaient situées les terres domaniales usurpées, les uns rejetaient absolument le *franc-alleu*, admettant la *Directe universelle,* ou soit la servitude des fonds, comme naturelle ; — les autres admettaient le *franc-alleu ;* — dans le doute, il fallait toujours décider par le principe général de la liberté, ce *titre des titres.* (Voir Furgole, *traité du franc-alleu,* ch. i ...).

Mais point de doute pour toutes les terres situées dans les pays de *droit écrit.* Cette vérité, bien constante, est reconnue par tous les auteurs les plus accrédités. Voir : De Basville, dans ses *mémoires,* pages 139 et 140 ; —

M. le premier président de Lamoignon, dans *ses arrêtés*, tit. *du franc-alleu*, art. 1er; cet éminent magistrat dit, en propres termes; «....ès provinces régies par *le Droit* » *écrit*, tout héritage est réputé *franc-alleu*, s'il n'y a » titre ou reconnaissance au contraire...» — « En pays de *droit écrit*, dit M. Laborie, conseiller à la cour de cassation, en son rapport dans l'arrêt du 23 juin 1857, — » la terre ne reconnaissait point de seigneur sans titre.»

Un grand nombre d'autres auteurs sont du même avis, à savoir que *tous* les pays *de droit écrit* jouissaient de la liberté du *franc-alleu naturel;* — tels sont: Speculator, — Jean Faber, — Petrus Jacobi, — Benedicti, —Dumoulin, — Ferrer. — François Marc, — Chopin, — Bodin, — Duarein, — Denis Godefroy, etc., tous ces auteurs et autres sont rapportés par Caseneuve, *du franc-alleu*, liv. II, chap. IX, X et XI. Voir aussi : *les annales de Toulouse*, tom. II, *in fin.* pag. 75; — Denizart, *Décisions* V° *franc-alleu*, §§ VII et X *in fin.;* — Rousseau de Lacombe, *recueil de jurisp.*, V° *franc-alleu*, § III et V° *cens.*, § II. alin. VI ; — à ce point, qu'en tels pays, le droit de *champart, tasque*, perçu sur un fonds, ne suppose point la *directe seigneuriale*, s'il n'y a des titres exprès ; — Dolive, liv. II, chap. 24 ; — Graverol sur Laroche, *des droits seigneuriaux*, chap. V ; — Bretonnier *sur Henrys*, tom. I, liv. I, quest. 34 ; — Basset, tom. II, liv. VI, tit. VIII, ch. II, etc. «... Du reste, » en pays de *droit écrit*, qui avaient moins subi l'effort » de l'invasion et la domination de la conquête, *la terre* » ne *reconnaissait point de seigneur sans titre.........*» (Rapport de M. Laborie, cons. à la Cour de cass. Quatre arrêts conformes rendus par celle-ci le 23 juin 1857.)

On connaît les provinces qui étaient de *droit écrit* ou qui suivaient le droit romain. La Provence était incontestablement de ce nombre : elle était donc de *franc-alleu,* tout comme le Dauphiné et autres ; elle a été d'ailleurs conservée dans cette liberté naturelle, primitive, originaire du *franc-alleu,* par un édit du mois d'octobre 1676. « *Quand même,* y est-il dit au sujet des terres de cette » province, *les propriétaires les auraient baillées à* » *fiefs.....*» Une autorité si grave met donc ce point HORS DE TOUTE DISCUSSION. Voir cet édit ; — Furgole, *traité du franc-alleu,* chap. XII ; — Mourgues, *sur le statut de Provence,* pag. 148, 149 et suiv. ; — Despeisses, *traité des biens féodaux, édition revue par Rousseau de La-combe,* titr. II, § V, où il dit que : « *le franc-alleu a lieu* » *et doit être observé non-seulement en Languedoc,* » *mais encore partout ailleurs.*

VI. — Il est vrai que La Touloubre, dans son ouvrage intitulé : *Jurisprudence féodale, en usage principale-* » *ment en Provence et en Languedoc ,* après avoir dit que le *franc-alleu naturel a lieu* dans cette dernière province , ajoute , quelques lignes plus bas, « qu'il » voudrait pouvoir parler aussi affirmativement du » *franc-alleu* si souvent réclamé par les États du pays de » Provence, et qu'il se borne à rapporter deux arrêts du » Conseil d'État du roi, des 19 juin et 10 octobre 1691, » où la Directe universelle (*Dominium majus)* est décla- » rée appartenir au roi en Provence. »

Il suffit de connaître l'origine de cette *Directe univer-selle* du roi de France sur la Provence pour être convaincu qu'elle n'y a point détruit le *franc-alleu* naturel ;

en effet, l'histoire et les vieilles chartes nous apprennent que cette *Directe universelle* n'a point sa source dans une aliénation ou inféodation originaire faite *par le propriétaire foncier du territoire,* mais seulement dans les *droits de protection et de souveraineté* conférés (en 1055) par Raoul VI, comte de Provence, en faveur des empereurs d'Allemagne, — ou plutôt dans l'usurpation des premiers comtes ou gouverneurs de cette province, qui en rendirent le gouvernement héréditaire dans leur famille. — On sait d'ailleurs que le comté de Provence a été légué aux rois de France, dans la personne de Louis XI, par Charles III, roi de Sicile, décédé le 11 décembre 1481, et que, quant à ces droits de *protection* et de *souveraineté* de l'empereur, ils se sont évanouis peu à peu, *sans qu'il en ait été fait mention dans les traités*, soit à cause de l'origine, peu sûre, de ces droits, soit parce que, comme le dit Salvaing de Boissieu, chap. I, pag. XI et XII, nos rois, qui sont empereurs dans leur royaume et ne reconnaissent que Dieu seul au-dessus d'eux, esteignent tous droits de féodalité.. » Voir, en ce qui touche la Provence, pages 36, 37, 38, 39 et 40.

L'ordonnance de 1629, dite le code Michaut, qui veut (art. 383) que *toutes les terres* qu'on ne justifiera pas relever de seigneurs particuliers soient *censées relever du roi*, n'a *jamais* eu force de loi en France ; on peut en voir les raisons dans le *Nouvel abrégé chronol. de l'hist. de Franc.*, tom. II, page 489 et 490 ; — dans Bretonnier *sur Henrys*, tom. I, liv. III, quest. 18. — Gillet, *Dissert. sur le franc-alleu*, tom. I ; — Furgole, *du franc-alleu,* ch. XIII, pag. 111 et 112. Du reste, la maxime *nulle terre sans seigneur*, que les auteurs des mémoires adverses, mentionnés plus haut, voudraient appliquer *même en Provence*, voir notamment le mémoire de M. Béchard, page 15, n'est pas ancienne ; elle fut introduite dans les *pays coutumiers* par le chancelier Duprat, sous le règne de François Ier, ainsi que l'ont remarqué Boulainvilliers, *Hist. de l'ancien gouvernem. de la France*, tom. I, p. 45 ; — Mézeray, *Abrégé chron.*, *vie de François* Ier, p. 584, tom. 4 ; — St-Julien, *Mélang. histor. des fiefs*, chap. III, pag. 678 ; — L'abbé Dubos, *Hist. de l'établis. de la monarch. franc. disc. prélim.* pag. 52 ; le premier de ces auteurs appelle cette maxime *détestable*, et les autres disent qu'elle est fausse et contraire à la liberté naturelle.

VII. — Cette liberté naturelle, cette qualité, primitive, originaire, *d'allodialité*, n'a pu être abolie par les tentatives et violences auxquelles, dans la suite des temps, se sont livrés les seigneurs pour multiplier les fiefs et pour détruire le *franc-alleu* ou franchise des terres. Les auteurs observent que, sur la décadence de la 2e race de nos rois et sous la 3e surtout, pendant le règne de Hugues Capet et de ses successeurs, depuis que les fiefs furent établis, les seigneurs diminuèrent les *alleux* autant qu'il leur fut possible, employant *la force et la violence*. Voir : Dominici, *de prærogat. allod.* cap. 19 ; — Basnage, *sur l'art.* 102 *de la cout. de Norm.* ; — *Histoire génér. du Languedoc*, liv. XVIII, n° 74 ; — Furgole, ibid. chap. X, § 150 ; «... Dolendum potiùs quam cru-
» bescendum, dit Auteserre, *Rer. Aquit.* lib. III, cap. 17,
» pag. 225, *allodii jus* in Aquitaniâ infractum diutinâ
» incubatione Anglorum ; — tùm enim Aquitani proce-
» res *(les grands, les seigneurs)*, Anglo perpetuis bel-

» lis districto, AUDACIUS IN PLÆBEIOS SÆVIÈRE, et posses-
» sores prædiorum utcumque allodialium facilè in suam
» ditionem redegerunt, SENSIMQUE ALLODIA EVERTERUNT.
» Vel etiam ipsi privati possessores iniquitate temporum
» pessumdati, PRÆSIDII CAUSA, se et sua prædia POTENTIO-
» RIBUS ultrò addixerunt, et libertatis damno, patrocinium
» redemerunt.... »

Or, il est certain qu'il n'y a point de province en France
où les seigneurs n'aient fait de pareilles tentatives et
commis des violences *pour multiplier les fiefs et détruire
peu à peu (sensim) le franc-alleu* ou franchise naturelle
des terres... Voir les auteurs cités plus haut, et, notamment, Furgole, *du franc-alleu;* — Caseneuve, *du
franc-alleu,* liv. I, chap. XII. — On sait que l'arrêt du
parlement de Grenoble, du 16 décembre 1649, a été rendu
sur la requête de M. le Procureur Général du roi, *pour
arrêter,* dit Salvaing de Boissieu, *de l'usage des fiefs,*
chap. 53, pag. 279, *la prétention ambitieuse des seigneurs, qui, se prévalant de l'autorité qu'ils ont dans
leurs terres, contraignaient leurs justiciables à leur
reconnaître la directe universelle sans titre....* Le président Boyer, *Comment. sur la coutume de Bourges,* tit.
des fiefs, § 24, condamne la même prétention qu'avaient
les seigneurs de son temps : « Et sic, dit-il, contrà domi-
» nos terrarum, qui petunt quod omnes et singuli homines
» possidentes prædia in suo territorio recognoscant se
» tenere illa prædia vel in emphiteusim, vel in censum,
» vel in fendum... » ; et, quelques lignes après : «... Et
» MALÈ SENTIUNT domini terrarum qui regulariter, hodier-
» nis temporibus, vigore novellarum litterarum regia-
» rum ad librum terragiorum faciendum impetratarum,

» PRÆDIA ET POSSESSIONES SUBDITORUM FACIUNT INSCRIBI ET
» REGISTRARI, quamvis per subditos tanquàm LIBERA ET
» ALLODIALIA, AB OMNI ÆVO, fuerint tenta.. »

VIII. — Ainsi, l'histoire à la main, on aperçoit l'origine de la *Directe féodale universelle:*

1° Dans l'usurpation des biens domaniaux que les grands rendirent héréditaires entre leurs mains, de temporaires qu'ils étaient en principe, sous le titre de simples *bénéfices* ou de *gouvernements* ;

2° Dans l'établissement des *arrières-fiefs*, au profit de ceux dont l'appui leur était nécessaire pour se maintenir dans leurs usurpations ;

3° Dans la soumission volontaire, ou forcée par le malheur des temps *(iniquitate temporum)*, de la part des possesseurs d'*alleux* aux droits des seigneurs, pour s'assurer protection *(præsidii causâ)* ; la Directe est, de droit, en principe, présumée n'avoir pas d'autre source que cette soumission volontaire, dans tous les pays de *franc-alleu* (voir pages 7 et 8 ci-dessus) ;

4° Enfin, dans la force et la violence, trop souvent employées par les seigneurs pour accroître leurs revenus en diminuant les *alleux*.

En vérité, cette origine, cette source de la *Directe féodale universelle* nous paraît si déplorable, quelquefois si odieuse et si impure, que nous ne comprenons guère la légéreté et la faveur avec laquelle cette Directe a été admise avec toutes ses conséquences, — *même en Provence*, et sur la foi de certains auteurs que l'on dirait atteints de ce qu'on pourrait nommer la manie ou le fanatisme de la la féodalité (La Touloubre, tom. II.

pag. 92; — Julien, *Statuts*, tom. I, pag. 515; de Saint-Jean, *Décis.* 9, n° 6)! — Encore moins comprenons-nous cette légéreté ou cet empressement, de la part des éminents auteurs des mémoires précités, à accueillir, même en pays de *droit écrit* et pour établir des DROITS DE PROPRIÉTÉ, la brutale maxime : *nulle terre sans seigneur,* qui, pourtant, non-seulement en tels pays, mais encore *partout ailleurs,* n'était entendue par les anciens feudistes eux-mêmes que pour la *haute justice et juridiction,* « *de laquelle,* dit Salvaing de Boissieu, *il n'y a personne* » *qui soit exempt.* » Voir, sur ce point, un arrêt du parlement de Grenoble, rapporté par le même Salvaing, chap. 55, du 11 août 1662 ; — Furgole, ibid ; — Dominici, *De prærogat. allod.* cap. 15 et 14 ; — Basnage, *sur l'art.* 102 *de la cout. de la Norm.* ; — Despeisses, *Droits seign.* tit. II, § v, (édition revue par Rousseau de Lacombe (1), etc.)

Mais, à supposer que la *Directe universelle* eût impliqué, même en Dauphiné et en Provence, pays de *franc-alleu,* la PRÉSOMPTION DE PROPRIÉTÉ au profit des seigneurs, — ce qui, TRÈS-CERTAINEMENT, n'était pas, — les lois dont nous allons parler auraient tout changé et rendu *absolument impossible* l'application de pareils principes et maximes.

IX. — Assurément nous détestons la révolution de toute la force de nos convictions et de tout le respect que

(1) « Ainsi, dit ce dernier auteur, ce qu'on dit que chaque terre doit » relever de quelque seigneur, s'entend quant à la justice, *mais non pas* » *quant à la seigneurie directe....*» Voir les nombreuses autorités rapportées en cet endroit.

nous portons à nos traditions de famille les plus cons-
tantes et les plus invariables; nous la détestons, parce
qu'elle tend à pulvériser, dans l'ordre religieux et moral,
comme dans l'ordre politique et civil, le principe d'autorité, qui est la clé de voûte de l'édifice social, et parce
qu'elle donne raison à tous les appétits matériels et bru-
taux, à toutes les passions mauvaises, en consacrant le
droit du plus fort ou du plus habile; — mais les idées
libérales et humanitaires qui ont servi de prétexte à
quelques-uns de ses actes les plus odieux et les plus
coupables, et qui, sans elle — qu'il nous soit permis encore de dire ceci en passant, — auraient été, *à coup sûr*,
développées et appliquées, par le seul progrès des temps,
d'une manière bien plus efficace et bien plus heureuse, —
ces idées ont toujours été les nôtres, et nous sommes
d'avis qu'il faut les prendre partout où elles se trouvent,
— même dans *les lois révolutionnaires*.

Réparer, autant que possible, et surtout prévenir à
tout jamais les abus de la féodalité, telle a été l'idée première, tel a été le principe de ces lois.

Ces abus, qui pourra les nier ? ils étaient inhérents au
système féodal ; ils étaient comme une nécessité inévita-
ble d'un état social créé par le droit du plus fort, « *véri-
» table république de tyrannies diverses* » , suivant
l'expression de Chateaubriand *(Études histor.)*; — aussi,
n'en faisons-nous un crime à personne en particulier;
nous nous bornons à les constater, au point de vue du
droit, au point de vue des conséquences juridiques qui
en dérivent, — sans oublier surtout que, dans un autre
ordre d'idées, à côté de ces abus et comme pour les faire
pardonner, viennent se placer les services immenses que

la noblesse française a rendus au pays, sa bravoure chevaleresque, son dévouement au trône et à l'autel.

Pour se faire, outre ce qui en a été déjà dit ci-dessus, quelque idée des abus du système féodal, surtout à certaines époques de notre histoire, on peut lire les plaintes que l'on déposait de temps en temps soit aux pieds du souverain, soit devant la juridiction des parlements, cet autre refuge du faible opprimé dans ces temps malheureux. « .... L'expérience, Sire, disait Jean de Rely, député
» aux Etats de Tours (en 1483), devant Charles VIII,
» montre que le bon sang court toujours à la partie bles-
» sée, si sommes ici et au nom du pauvre peuple de
» France, tant affligé que plus n'en peut, devant le
» meilleur sang, le plus piteux et le plus certain qui soit
» au monde ; c'est devant le très-noble sang de la mai-
» son de France qui a accoustumé subvenir aux oppres-
» sions ; — à l'huis de laquelle maison nous sommes
» ici assemblés pour demander grâce et *relèvement des*
» *grandes oppressions...* » (imprimé à Paris en 1561).

« ... Quant à la noblesse, disait Robert Miron, conseil-
» ler du roi, prévost des marchands, député aux Etats
» généraux tenus en 1614, il s'y est glissé tant d'excès,
» *tant de mépris de la justice,* tant de contraventions à
» vos ordonnances, soit pour les duels, *oppressions des*
» *pauvres, violences contre les plus faibles,* et autres
» désordres..... Ses principales actions se consomment
» en dépenses superflues, violences publiques et parti-
» culières.... etc. » Comme remède à tant de maux, l'implacable prévôt des marchands concluait à ce que la royauté *se laissât doucement forcer à être* MAITRESSE ABSOLUE *et à sauver la France par un coup de majesté* (sic)...

Dans ces mêmes États de 1614, dont il était membre, le célèbre évêque de Luçon, Richelieu, en parlant des effets que devait avoir la constitution ou restauration du pouvoir royal, que méditait ce digne continuateur de l'œuvre de Louis XI, disait: «... Le peuple sera délivré » des oppressions qu'il souffre par la corruption de » quelques officiers, préservé des outrages qu'il reçoit » de plus puissants que lui....»

Mais que de temps écoulé, que de spoliations, que d'abus de pouvoir, que de meurtres consommés, avant que le *pauvre peuple* se soit avisé de dire : « *si le roi le savait !* » — que d'usurpations accomplies avant cet appel au roi, qui était un appel à la liberté, — avant ces recours ouverts contre l'arbitraire, sous les noms de *cas royaux*, *parlement du roi*, auxquels il fut enfin donné de renvoyer les causes que le glaive des seigneurs avait tranchées (voir l'histoire ; Loyseau; — les *Remarques* du président Hainault *sur la 3e race ; — ord. du Louvre*, tom. i, pag. 65 ; — *Mém.* de Joinville, liv. ii...) « les » violences et les usurpations caractérisent l'époque féo- » dale », dit M. Troplong, *de la prescript.* tom. i, § 22.

Comment donc, dans l'interprétation ou application des actes et titres qui datent de cette époque malheu- reuse, dans lesquels, à proprement parler, une seule des parties a fait la loi, dans lesquels la féodalité, ce pouvoir alors absolu et brutal, a dicté sa volonté, si souvent arbi- traire, injuste et violente, comment ne point faire une très-large part de tout ce que l'excessive autorité, pour ne point dire l'omnipotence de ces anciens seigneurs, a pu envahir sur les droits véritables des habitants ? — L'his- toire, une foule d'arrêts des parlements, tout comme les auteurs qui ont écrit sur le droit féodal, n'attestent-ils point assez combien ces envahissements étaient fréquents? — Voir, notamment l'arrêt de règlement du parlement de Grenoble, du 16 décembre 1649, et autres du même parlement, tels que ceux des 20 mars 1510 et 18 juillet 1667, rapportés par Salvaing de Boissieu, ibid. pages 279, 586, 587, 480, 481; — « ..... Audaciùs in » plebeios sæviere, dit l'historien Auteserre, loc. cit., en parlant des seigneurs, in possessores prædiorum, ut cum- » que allodialium facilè in suam ditionem redegerunt, » SENSIMQUE ALLODIA EVERTERUNT... (Voir pag. 19 ci-dessus). — Le jurisconsulte Imbert, V° *usages*, parlant d'un seigneur duquel il n'avait que des choses louables à dire, s'exprime ainsi : « .... A la mienne volonté, que les sei- » gneurs d'aujourd'hui fussent d'aussi bonne volonté » envers le commun peuple; MAIS ON VOIT LE CONTRAIRE, » et que même les successeurs de ceux-là veulent empê- » cher la communauté accordée au peuple par leurs » ancêtres, et font, pour cette cause, évanouir (dispa- » raître) les titres et enseignements qu'ils en ont....»

Le même Salvaing de Boissieu, grand seigneur lui-même, dit en propres termes (loc. cit.), « que quelque- » fois ceux qui sont commis à faire renouveler les terriers » du seigneur, abusant de l'ignorance et de la facilité des » sujets, leur font reconnaitre des droits inconnus à » leurs ancêtres.... » ; — et c'est ce qui est indubitable- ment arrivé, — pour n'en citer qu'un exemple dans l'important procès pour lequel sont écrites ces quelques lignes, dans une reconnaissance du 13 janvier 1782, relative à la commune de Redortiers (voir ci-après, pag.   ); puisqu'on y fait reconnaitre aux habitants ce qui n'avait jamais été reconnu, *ce qui était inconnu à leurs ancêtres.*

C'est, sans aucun doute, à cause de pareils abus et de l'extrême facilité (1) qu'avaient ainsi les seigneurs de s'attribuer des droits qu'ils n'avaient point, qu'il fut enfin admis, en doctrine et en jurisprudence, au moins en Dauphiné et en Provence (l'un et l'autre *pays de franc-alleu*) « que la simple reconnaissance n'était point au » nombre des moyens d'acquérir que le droit autorisât ; » qu'il fallait que le seigneur apportât UN TITRE FORMEL » D'ACQUISITION pour les droits de propriété par lui pré- » tendus. » — « *Simplex recognitio non disponit nec* » *immutat statum rei,* » dit Dumoulin ; — voir le *Répert.* de Merlin, V° *prescript.* page 522 ; —Troplong, *de la prescript.* tom. II, pag. 58 ;— ce qui est, disons-le tout de suite, conforme à la raison ; car, pour enlever à un possesseur un fonds qu'il détient, tout à la fois, par la présomption de *la propriété primordiale* (voir ci-dessus) et par une possession souvent plus que séculaire, le moins est que l'on produise le TITRE MÊME établissant l'origine précaire de cette possession, et non de simples *reconnaissances,* que tant de causes pouvaient vicier en temps féodal. — Guidon-Pape, *quest.* 272, enseigne aussi que « le *domaine n'est point transféré par la reconnaissance ; —* que, pourtant, dans l'usage, on s'en contente pour établir des censes et redevances

---

(1) Le droit lui-même autorisait ces abus et tant d'autres : « En plusieurs » articles du droit des fiefs, la condition des vassaux est pire que celle des » seigneurs, » dit Chopin, *sur la cout. d'Anjou,* liv. II, art. IV... « De là » vient la maxime, ajoute Salvaing de Boissieu, chap. XIII, pag. 71, *qu'un* » *seigneur de beurre mange un vassal d'acier..* »

dues au seigneur direct, attendu que les titres originaires sont souvent perdus. »

Il était, au surplus, de principe, admis par la jurisprudence des parlements, EN TOUS PAYS, de franc-alleu ou non, — toujours en vue d'abus trop faciles de la part des seigneurs, — que, « en cas de discordance entre les » reconnaissances d'une même commune envers le sei» gneur, celle qui est la moins onéreuse pour le redeva» ble (ou soit la moins favorable au seigneur) prévaut. » — Voir : La Touloubre, *Jurisp. féod.* tom. 2, tit. IX, § 25 ; — Henrys, tom, I, liv. III, chap. IV, quest. 42 ; —·Dupeneau, *Observ. sur Anjou,* 459 ; — Dumoulin, *sur Paris,* § VIII, nomb. 94, 95 et 96 ; — § 18, nomb. 19, — et § 51, nomb. 10 ; — Despeisses, tom. III, pag. 56 ; voir aussi un arrêt des *grands jours* de Clermont, du 27 novembre 1665, qui a sévi contre un seigneur qui abusait de son autorité sur ses justiciables et vassaux pour les forcer à reconnaître des droits indus ; — Bretonnier, tom. I, liv. III, quest. 42 ; — encore Dumoulin, *sur Paris,* § 2, gl. 4, n° 14 ; — Rousseau de Lacombe, V° *Reconnaissances* (ou *transactions)* §§ I et suivants.

X. — Ces tendances libérales et humanitaires, ces retours, encore timides et chancelants, aux vrais principes sur l'origine de la propriété, dans la doctrine des auteurs et la jurisprudence, — tendances et retours activés, justifiés surtout par des énormités et des abus féodaux trop fréquents, trop incontestables, — passèrent dans les lois de 1789 avec toute la brusquerie, avec toute la brutale énergie qui caractérise les actes de cette époque ; — sans aucune transition, sans aucune sorte de ménagements, la loi capitale du 4 août 1789, en abolissant tous les droits et prérogatives de la féodalité, abolit *de plano* les droits que les seigneurs ne tenaient que de la *Directe* et de la *justice*, tels que les biens vacants, les terres incultes, vaines et vagues. En effet, la *Directe universelle* supposant, en DROIT FÉODAL, l'existence d'un *titre universel de propriété* originaire, réel ou fictif, le seigneur disposait de ces *biens vacants* et de ces *terres incultes* dont il était censé n'avoir pas encore disposé.

— Soit sentiment de justice, soit dévouement à la patrie, cette loi fut votée d'enthousiasme et par acclamations par le corps entier de la noblesse, représentée en très-grand nombre aux États généraux.

Les lois ultérieures définirent ce qu'il fallait entendre par le *titre* que le seigneur aurait à produire pour justifier sa propriété.

Les lois des 15 avril 1791 (tit. 1er art. 7 et suiv.) et 25 août 1792 confirmèrent celle du 4 août 1789. — L'article 1er de celle du 25 août est ainsi conçu : « Tous les » effets qui peuvent avoir été produits par la maxime : » NULLE TERRE SANS SEIGNEUR, coutumes et règles, soit » générales, soit particulières qui tiennent à la féodalité, » DEMEURENT NON ADVENUS. »

La loi du 28 août 1792 eut pour principe de rétablir les communes et particuliers dans les propriétés dont ils avaient pu être dépouillés *par abus de la puissance féodale.* « L'Assemblée nationale, dit le préambule de cette » loi, considérant qu'il est instant de rétablir LES COMMUNES » ET LES CITOYENS dans les propriétés et droits dont ils ont » été dépouillés par l'effet de la puissance féodale.......»

L'article 8 de cette même loi autorise les communes et

particuliers à se faire rendre les biens ou droits d'usage qu'ils prouveraient avoir anciennement possédés , à moins que le seigneur ne prouve par *titres authentiques avoir légitimement acheté ces biens :* « Et ne seront con- » sidérés comme TITRES, dit textuellement cet article 8, » ni les édits, déclarations, arrêts du Conseil, lettres » patentes, NI LES JUGEMENTS, TRANSACTIONS et POSSESSIONS » CONTRAIRES. »

De ces termes si formels, Latruffe-Montmélian, *des droits des communes,* p. 292, 378, 379 et 496, conclut que les seuls TITRES UTILES sont les VENTES et ÉCHANGES, accompagnés des formalités voulues par les lois anciennes. — Voir aussi Henrion de Pansey, *Traité du pouvoir munic.* pages 164, 268, 321 ; — Merlin, *Nouveau répert.* V° *communes,* § II....

Cette loi du 28 août 1792 ajoute mais ne retranche rien à ce qui résultait de celle du 4 août 1789, et elle se trouve confirmée *de plus fort* par celle du 10 juin 1793. Cette dernière explique (article 8) que le *titre légitime* exigé du seigneur, pour justifier de sa propriété, *ne pourra être celui qui émanera de la puissance féodale,* mais seulement *un acte authentique,* constatant une légitime acquisition, conformément à l'article 8 de la loi du 28 août 1792, précitée.

L'article 9 de cette loi du 10 juin réprouve même le titre qui consisterait en VENTE, *donation,* ou *legs du fief,* A TITRE UNIVERSEL.

Si donc nos contradicteurs veulent enlever aux communes ou aux particuliers le bénéfice de leur possession de fait, en soutenant qu'ils n'étaient qu'USAGERS, ils ne peuvent y parvenir qu'en démontrant tout d'abord qu'ils sont PROPRIÉTAIRES ; or, pour établir ceci, ils sont dans la nécessité rigoureuse de produire les titres indiqués et précisés par ces lois.

XI. — Et ne s'agissant point ici de juger ou critiquer une pareille législation, mais de l'appliquer, nous dirons qu'elle doit être, tant qu'elle n'a pas été abrogée, observée et respectée, alors même que ses dispositions pourraient nous paraître quelquefois en avoir tant soit peu outré, exagéré le principe. *Dura lex, sed lex.* — La Cour de cassation l'a consacrée, d'ailleurs, par une multitude de décisions, dont voici quelques-unes : arrêt du 16 floréal an VI, Sirey 1, 1, 146 ; — id. du 26 fructidor an XI, Sirey 5, 2, 640 ; — id. du 17 vendémiaire, an XIII, Sirey 5, 1, 80 ; — id. du 2 mars 1808, Sirey 8, 1, 139 ; — id. du 16 avril 1828, Sirey 29, 1, 41 ; — id. du 27 juillet 1818, Sirey, 19, 1, 127 ; — id. du 2 avril 1833, Sirey, 33, 1, 268 ; ce dernier arrêt décide notamment « que les jugements et arrêts rendus sous l'empire de » l'ancienne législation, en conformité et pour l'exécution » d'actes entachés de féodalité, ont été enveloppés dans » l'abolition du régime féodal, prononcée par les lois de » la Révolution, et, comme tels, FRAPPÉS DE NULLITÉ ; » — arrêt de Cass. du 20 décembre 1837, Sirey, 38, 1, 545 ; — id. du 16 avril 1838, Sirey, 38, 1, 448 ; celui-ci porte, en propres termes : « Attendu que, dans les » pays de *franc-alleu*, où NUL SEIGNEUR SANS TITRE, toutes » les terres sont présumées PATRIMONIALES... » ; — arrêt de Cassat. du 21 novembre 1852, Dalloz, 53, 1, 75 ; — id. du 6 mai 1850, Dalloz, 50, 1, 192 ; — id. du 28 juillet 1852 ; — du 4 décembre 1849, Dalloz, 42, 2,

507 (titre féodal aboli par les lois révolutionnaires) ; — id. du 9 mai 1849, Dalloz, *table du 12ᵉ cahier* de 1851, Vⁱˢ *terres vaines et vagues ;* — id. du 20 mai 1851, Dalloz, 51, 1, 260 ; — id. du 21 mars 1858, Dalloz, 58, 1, 166, etc.

Un arrêt encore de la Cour suprême, rapporté par la *Gazette des tribunaux*, dans son numéro du 27 janvier 1848, décide que « dans tous les cas et en supposant que
» la présomption de propriété existât en faveur du sei-
» gneur, soit en suite de la Directe universelle, soit en
» suite de la maxime NULLE TERRE SANS SEIGNEUR, cette
» présomption aurait été, dans le cas où le seigneur
» n'avait pas la possession, ABOLIE PAR LES LOIS DE LA
» RÉVOLUTION....»

Celui du 9 mai 1849, rapporté ci-dessus, intervenu entre l'État et la commune du Revest-des-Brousses (B.-Alpes), porte textuellement : « Attendu que l'État n'a
» point justifié PAR DES TITRES (1) ses prétentions contre
» la commune ; qu'il n'a point prouvé davantage que la
» loi autrefois en vigueur en Provence attribuât, en ter-
» mes exprès, aux seigneurs que l'État représente aujour-
» d'hui, la propriété des bois et terres gastes sis dans
» leurs seigneuries ; — qu'il ne cite, à l'appui de cette
» prétention, que des opinions des commentateurs ou des
» usages locaux, qui ne sont fondés sur aucun texte pré-
» cis de loi...»

Il est bien évident que cet arrêt, si conforme aux vrais principes, est, à lui seul, la condamnation absolue de

____

(1) Voir, ci-dessus, quelle nature de titres doit produire le seigneur. (art. 8, 1. du 28 août 1792).

toute la théorie, si arbitraire, si peu justifiée, professée par quelques auteurs et notamment par La Touloubre (*Jur. féod.* tom. 2, tit. 18), sur les effets de la *Directe universelle !* — Loin de pouvoir servir d'appui à une argumentation quelconque dans les mémoires adverses, cette théorie méritait à peine, ce nous semble, les honneurs d'une mention ; aussi, la Cour de cassation en a-t-elle fait bonne justice.

Qu'on ne vienne donc plus nous dire que, par cela seul que le comte de Sault était *seigneur haut justicier* et ayant la *Directe universelle* de toutes les terres de la seigneurie, il doit être admis qu'il était fondé EN TITRE UNIVERSEL DE PROPRIÉTÉ FONCIÈRE ! qu'on ne nous dise plus, comme on a osé le soutenir dans les mémoires plus haut mentionnés, comme l'arrêt de Nimes lui-même, du 21 août 1844, semble l'admettre, que cette *Directe universelle* doit, à elle seule, *le faire présumer, jusqu'à preuve contraire,* PROPRIÉTAIRE *des bois et forêts de la seigneurie ;* car une pareille assertion, déjà très-fausse en droit féodal, au moins en ce qui concerne, nous venons de le voir, le Dauphiné et la Provence, *pays de franc-alleu,* serait, sous l'empire des principes nouveaux qui nous régissent, une véritable énormité !!

XII. — Ces principes que nous venons d'exposer, consacrés par l'autorité de la loi et par une multitude de décisions de la Cour suprême, sont LES SEULS à invoquer et à appliquer dans cette foule de procès relatifs aux bois et forêts de l'ancien comté de Sault ; — posés en face des révoltants abus qu'ils flétrissent et condamnent, ces principes ne sont-ils point d'ailleurs comme l'expression ou la voix de la vérité, de la justice et de la conscience venant proclamer tout à coup des droits et des devoirs trop souvent et trop longtemps méconnus? ne sont-ils point devenus, en quelque sorte, l'inspiration et l'âme de toute notre législation moderne ? — Ne faisons pas d'anachronisme ! Le RÉGIME FÉODAL n'est plus, — ne l'oublions pas !

A l'instar de l'ancien seigneur et sans tenir aucun compte de cette législation et de ces principes, dont vos défenses et mémoires ne daignent pas même faire mention, vous ne pouvez donc plus exercer des poursuites et dresser des procès-verbaux à raison de toutes coupes d'arbres ou de bois opérées *même dans les terres comprises aux confronts de nos plus anciens titres!* — Vous ne pouvez donc plus vous armer de ces *bulle d'or, dénombrements, lettres patentes, ordonnances et règlements, généraux ou particuliers, reconnaissances, hommages,* etc., etc., et nous dire que tout cela prouve votre droit de propriété *sur les bois et forêts*, et vous autorise à prendre, aujourd'hui comme jadis, des mesures pour leur conservation, *voire* même à rendre des *ordonnances* dans le style des Lesdiguières et des Villeroy !! non ; — ayant eu, dans les temps anciens et ayant encore au moins la *possession de fait*, nous pourrions nous contenter de vous répondre « que nous n'apercevons » nulle part dans vos dossiers le TITRE précis et formel » déterminé par la nouvelle législation ; » ce qui devrait trancher le débat, sans aller plus loin.

Mais, admettant volontiers que ces *ordonnances* et *règlements*, rendus par le seigneur *pour la conservation des bois et forêts de sa seigneurie,* — ces *poursuites* et *procès-verbaux* faits en son nom, — ces *demandes en permission d'abattre,* à lui adressées, formulées par celui-là même qui voulait couper l'arbre radiqué dans son *propre fonds,* accordées même à tout autre qu'au possesseur de ce fonds, — admettant volontiers que tout cela était peut-être de nature à *donner le change,* à faire croire que le comte de Sault était réellement *propriétaire,* dans tout le sens attaché à ce mot, de toutes ces forêts, de tous ces bois, de cet arbre, et à établir une sorte de *notoriété* qui le réputait tel autrefois, et qui, assure-t-on, a fait dire à quelques témoins (1), d'un âge avancé, entendus dans certaines enquêtes relatives au procès dont il s'agit, que, de leur temps, *le comte de Sault était regardé comme propriétaire de tous les bois du Comté..;* admettant tout cela, sachant bien que le caractère particulier des plus graves erreurs de ce monde est de se présenter avec certaines apparences de vérité, capables de satisfaire un examen superficiel, — nous ne nous contenterons point, pour être tout à la fois juste et équitable, de faire une si briève réponse, quelque juridique et péremptoire qu'elle soit, — nous ne nous contenterons pas de répondre, à propos de cette sorte de notoriété, si tant est qu'elle ait existé, que, en tout cas, ici, « *error communis non facit jus;* » — « Vanæ voces » populi non sunt audiendæ, nec vocibus ejus credi oportet. » — (*leg. Decem.* **12,** *in fin.* Cod. *de pœnis*), et que *la vérité, la vérité juridique* doit passer avant

---

(1) « Per facilitatem testium multa veritati contraria perpetrantur.....» *Leg. test.* 18 cod. *de test.*

tout (1) ; non, nous pousserons plus loin la démonstration, et nous établirons :

1° Qu'il n'est point vrai que l'ancien comte de Sault
ait été jamais fondé, en *titre universel de propriété*, sur
les territoires des localités, communes ou mandement,
dont il s'agit ;

2° Que les titres que l'on nous oppose, examinés un à
un, sont tout-à-fait impuissants à justifier les prétentions
des ayants droit de l'ancien seigneur ;

5° Que toutes les fois, d'ailleurs, que le comte de Sault
a concédé *à nouveau bail, albergement* ou *emphytéose*,
des terres dont il avait la *Directe*, soit en suite de l'inféodation volontaire admise, de droit commun, en tout pays
de droit écrit ou de *franc-alleu*, soit en vertu d'un titre
particulier de propriété, il a entendu comprendre dans
la concession tout aussi bien les *arbres et bois* que le
terrain où ils étaient radiqués ;

4° Que la défense de *couper* ou de *détériorer* ces
arbres et bois n'implique point du tout la réserve de
ceux-ci, pas plus que les *règlements* et *ordonnances* du
seigneur, *demandes en permission d'abattre, procès-
verbaux* des gardes-champêtres, etc., etc. ;

5° Que ceci résulte de la teneur même des actes et
documents que l'on nous oppose ;

6° Que l'albergataire ou emphytéote est donc aujour-
d'hui *incommutable propriétaire*, aussi bien des bois et
arbres que des terrains où ils sont radiqués, puisque les

---

(1) « Veritate manifestâ, cedat consuetudo veritati ; planè, quis dubitet,
» veritati manifestæ consuetudinem cedere ? » (Can. 4, distinct. 8 ; —
Furgole, *du franc-alleu*, chap. ix, *in fine....*)

uns et les autres ont été soumis au droit d'emphytéose, actuellement converti, par l'effet des lois nouvelles, en un droit absolu de propriété ;

7° Que les jugements et arrêts qui ont décidé le contraire, sont très-certainement erronés, contraires à la vérité juridique ;

8° Enfin que, même en supposant, le plus gratuitement du monde et contre toute vérité, l'existence de titres primordiaux en faveur du seigneur, ils restent sans effet, une fois la concession emphytéotique, sainement, juridiquement comprise.

DEUXIÈME PARTIE.

APPLICATION.

§ Ier. PROPRIÉTÉ ORIGINAIRE.

Pour essayer d'établir cette propriété sur la tête de l'ancien seigneur, vous avez fouillé dans la nuit des temps ; à votre exemple, nous avons remonté les siècles, et voici, outre les considérations générales qui précèdent et qui vont trouver toute leur application dans la cause, ce que l'histoire nous a appris.

Peu après la sanglante bataille de Fontenay (en 842), les enfants de Charlemagne firent, de ses vastes états, un nouveau partage, qui mit au lot de l'aîné, Lothaire, avec le titre d'*empereur*, le royaume d'Italie, la Lorraine et la *Provence*.

Vers l'année 875, Charles le Chauve s'empara de la souveraineté de la *Provence,* et lui donna pour gouverneur Boson, son beau-frère.

Elle est annexée, en 880, au royaume d'Arles ;... et c'est en 993 que Raoul VI, dit le *Fainéant,* roi *d'Arles et de Provence,* voyant que plusieurs gentilshommmes de ses états, tels que le comte d'Albon, gouverneur du Dauphiné (qui déjà alors faisait partie de ce royaume, — Salvaing de Boissieu, chap. i et xi), les seigneurs de Grignan, de *Sault,* d'Orange, etc., encouragés par sa nonchalance, *venaient de se rendre souverains hérédi-taires et indépendants,* demande appui et protection à l'empereur Henri II, un des successeurs de Lothaire, et fait un testament par lequel il lui donne son royaume ! Mais la mort d'Henri II, arrivée sur ces entrefaites, *rend ce testament inutile.*

En 1035, Raoul VI renouvelle les mêmes dispositions en faveur de Conrad *le Salique,* successeur immédiat de Henri II, et meurt très-peu de temps après. «Depuis » lors, dit l'historien duquel nous apprenons ces faits » (d'ailleurs nulle part contredits), les empereurs ont » fait en Provence plusieurs actes de haute souverai- » neté.....» (*Hist. de Prov.* par M. de Gaufridy, conseiller du roi au parlem. de Prov. liv. ii, § xii.)

La fameuse *Bulle d'or* de l'an 1004 a-t-elle été un de ces actes ? — évidemment, non : 1° parce que cette souveraineté des empereurs d'Allemagne sur la Provence n'a pris naissance que dans le testament fait par Raoul VI, en 1035, 29 *ans après* cette bulle de Henri II, qui aurait donc usé d'un *droit de souveraineté* qui devait n'appartenir qu'à son successeur ; — et 2° parce que Loup d'Agout, baron de Sault, le prétendu bénéficiaire de cette Bulle, vivait en 1180 et non en 1004 ; on n'en trouve pas d'autre de ce prénom dans l'histoire de cette illustre famille (1).

A quel titre d'ailleurs l'empereur d'Allemagne, Henri II, ou tout autre, aurait-il pu donner, en PROPRIÉTÉ FONCIÈRE, le *château de Sault et sa vallée?* — à titre, sans doute, de PROPRIÉTAIRE FONCIER du territoire de cette localité ; or, l'histoire ne donne nulle part cette qualité aux empereurs d'Occident : elle dit que ces derniers ont eu LA SOUVERAINETÉ et non LA PROPRIÉTÉ de la Provence, ce qui est bien différent ! C'est ici le cas, d'ailleurs, de faire application des considérations et principes établis plus haut, pag. 10 et 11.

Mais voici un avis imposant, DÉCISIF, ce nous semble, sur l'interprétation à donner à cette prétendue Bulle d'or de l'an 1004. Salvaing de Boissieu va nous dire lui-même quelle était LA CHOSE TRANSMISE, ce que l'empereur d'Allemagne pouvait et entendait transmettre par cette sorte d'acte. Au chapitre 55, page 275 de son ouvrage, cet auteur, si compétent en pareille matière, rapporte une *Bulle d'or, rescrit* ou *patentes* de Frédéric II, un des successeurs du même Henri II, en date du mois de juin 1247, contenant DONATION par ce souverain à Guigues Dauphin *de tous les alleux* qui étaient dans les comtés de Gap et d'Embrun, ainsi que dans ceux de Vienne, d'Albon et de Grenoble : «..... de abundantiore quoque gratià nostrà,

---

(1) C'est le même Loup d'Agout qui négocia la paix entre Ildefons, roi d'Aragon et comte de Provence, et le comte de Forcalquier ; elle fut signée par ces hauts personnages dans son château de Sault (en 1182).

» quà benè meritos fideles nostros clementià nostrà pro-
» sequi consuevimus, ALLODIA tam in prædictis Vapincensi
» et Ebredunensi quàm in Viennensi, Albonensi et Gratio-
» nopolitano comitatibus constituta, GUIGONI DELPHINO et
» hæredibus suis, in fide et devotione nostrà persistenti-
» bus, DUXIMUS CONCEDENDA, ut allodia supradicta a nobis
» et imperio teneat et etiam recognoscat....» Or, voici
comment Salvaing de Boissieu interprète les termes de
cette bulle de Frédéric II, LES MÊMES, ou à peu près, que
ceux employés dans la prétendue Bulle de Henri II :
«.... On voit par là, dit-il, qu'avant *cette concession*, le
» Dauphin n'avait point de droit sur les biens de *franc-*
» *alleu*, qui ne reconnaissaient que la PROTECTION et LA
» SOUVERAINETÉ de l'empereur, QUI S'EN DÉMIT (ne trans-
» mettant donc PAS AUTRE CHOSE que cette PROTECTION et
» SOUVERAINETÉ), à la charge de la mouvance et du ser-
» vice, *sans toucher à la nature du franc-alleu, pour*
» *sa liberté naturelle......*» ; et, à ce propos, il cite ces
paroles de Benedicty : « Nec minùs dicuntur res allodia-
» les quòd in districtu, territorio, seu jurisdictione impe-
» ratoris, seu regis sunt sitæ, cùm aliud sit rei, quamvis
» liberæ, PROPRIETAS et aliud jurisdictio....,.» — « Le
» domaine, disent les auteurs du livre intitulé : *Maximes*
» *du droit public français*, ce pouvoir du propriétaire,
» n'a rien de commun avec la puissance publique. Donc
» la souveraineté, la puissance publique ne défère point
» au magistrat suprême le domaine, la propriété des
» fonds, ou des choses mobilières qui appartiennent aux
» citoyens. Comment confondrait-on des choses si dis-
» tinctes? comment attribuerait-on au prince la pro-
» priété avec la puissance publique, comme si l'une était

» la suite et dépendance de l'autre, pendant que d'une
» part les hommes n'ont pas renoncé à leurs propriétés
» particulières en se réunissant en société, et qu'au con-
» traire ils n'ont eu recours à la formation de l'état poli-
» tique que pour se garantir des violences qui mena-
» çaient ces propriétés (*præsidii causâ*)? » 2e édition,
n° 11775, 1er volume, p. 41 et 42 ; — Wolf, *Jus natur.*
§ 103.

Ces deux choses si distinctes, « le DOMAINE et la SOU-
VERAINETÉ, » ont pu être jadis abusivement confondues à
la faveur des ténèbres et des abus de la féodalité ; —
« mais il est HORS DE DOUTE qu'il ne peut plus en être
ainsi maintenant que celle-ci a disparu avec *tous les effets*
qu'elle avait pu produire, n'importe comment ! (Voir
les lois de la Révol. et notamment, art. 1er, loi du 25
août 1792.) Voir pag. 10 et 11 ci-dessus.

Non, sans aucun doute, cette prétendue Bulle de
Henri II, relative, en tout cas, à des terres et contrées
où le *franc-alleu* naturel était de principe, — tout comme
celle de Frédéric II, dont nous venons de reproduire les
termes, — avec le commentaire de Salvaing de Boissieu
(SI ÉMINEMMENT COMPÉTENT), n'aurait pas transmis autre
chose que ces droits de PROTECTION et de SOUVERAINETÉ,
qui étaient LES SEULS (voir tous les documents de l'histoire) qui appartinssent aux empereurs d'Allemagne,
notamment sur le Dauphiné et la Provence. « Nemo plus
» juris in alium transferre potest quàm ipse habet. »

A moins qu'il ne s'agisse des contrées dans lesquelles
le *franc-alleu* n'était point admis, comme celles qui,
après la conquête, furent mises au lot du souverain, —
lequel fut ainsi *réellement, foncièrement propriétaire*

de ces terres et put en disposer, — ces CONCESSIONS ou DONATIONS, surtout en pays *de droit écrit* ou *de franc-alleu*, n'ont dû être et n'ont été en effet que des collations ou confirmations de titres honorifiques et de souveraineté (1), qui, comme en ce qui concerne le baron de Sault en particulier (voir ci-dessus page 38), avaient été déjà *usurpés* par les titulaires. — C'est ainsi qu'en 880, nous l'avons dit, Charles le Chauve, qui s'était emparé de la souveraineté de la Provence, en donna le GOUVERNEMENT à Boson, son beau-frère, sous le nom ou titre de *Comte;* ce dernier, d'un caractère entreprenant et hardi, convertit CETTE CHARGE en une PROPRIÉTÉ HÉRÉ-DITAIRE dans sa famille (*Hist. de Prov.* de M. de Gaufridy, liv. III, page 57).

Telle est, on ne saurait trop le redire, l'origine de cette prétendue *propriété foncière* dans nos pays de *franc-alleu.* Ce n'est pas autre chose que cela!!!

Puis est venue, à travers les âges, cette série d'actes et documents, sous les noms de *baux à fiefs,* — *baux emphytéotiques,* — *albergements,* — *inféodations,* — *investitures,* — *hommages,* — *reconnaissances,* — *transactions,* — *dénombrements,* etc., qui, prenant pour *vrai* un principe *faux,* et d'ailleurs la force et la violence venant en aide, — personne ne l'ignore, — ont amoncelé des nuages sur un point qui devait, à toujours, rester visible et lumineux, celui du départ, celui de l'origine; de sorte que, peu à peu, on s'est accoutumé à croire que le seigneur, qui se disait et se faisait sans cesse le point

(1) *Avec les droits utiles,* il est vrai, y attachés, — tous droits purement FÉODAUX et nullement FONCIERS. Encore une fois, le collateur ne pouvait conférer, donner CE QU'IL N'AVAIT PAS !

de départ, le principe *de tout droit* et de *toute propriété*
dans les terres de sa juridiction, avait été, en effet, originairement PROPRIÉTAIRE FONCIER de toutes ces terres, dans
le vrai sens de ce mot ; de sorte que, peu à peu, au
moins dans l'opinion, l'usurpation s'est trouvée accom-
plie, et, pour ainsi dire, consacrée par la *coutume*. Mais,
veritate manifestâ, cedat consuetudo veritati !

Voilà donc à quoi se réduit ce fameux *titre primordial*
de l'an 1004 ! — La main sur la conscience, nous
demandons s'il est juste et raisonnable, sur la foi d'un
pareil document, de dépouiller de leurs patrimoines une
foule de familles ?.....

Quel autre titre avez-vous pour établir cette *propriété
primitive* sur la tête de l'ancien seigneur ? — Est-ce, à
St-Christol, cette sentence arbitrale de 1270, qui constate
précisément que le seigneur était loin d'être *propriétaire
foncier de tout* le territoire, puisque le prieur en avait,
à lui seul, une TRÈS-NOTABLE PARTIE, — ou ce prétendu
ACTE D'HABITATION de 1271, dont nous avons déjà dit un
mot ? — Ces actes, des titres primordiaux de propriété !!
— Vous admettez donc que, surtout en pays de *franc-
alleu* ou de *droit écrit*, le baron et le prieur de St-Christol
pouvaient se créer un titre à eux-mêmes ? qui donc les
aurait fait PROPRIÉTAIRES FONCIERS de l'universalité du
terroir de St-Christol ? — cette question vous resterait
toujours à résoudre.

A Simiane, vous n'avez pas même l'ombre d'un titre
de cette nature (voir page 6 ci-dessus). L'auteur du
mémoire contre Eymieu (imprimé en 1840) en est
réduit (pag. 55) à invoquer la maxime *nulle terre sans
seigneur*, maxime dont nous avons indiqué ci-dessus la

valeur, et qui est d'ailleurs tout-à-fait fausse, on le rappelle une fois pour toutes, en ce qui touche les pays de *droit écrit* ou de *franc-alleu*, comme Simiane ; — il ne peut mieux faire que d'invoquer une de ces formules de style, si multipliées dans les actes de mutation de ce temps-là, celle qui réserve la *Directe majeure seigneurie* au comte de Sault, et il en conclut que ce dernier était PROPRIÉTAIRE UNIVERSEL.... Mais il faut se souvenir et tenir pour certain que la *Directe*, en pays de *franc-alleu*, ne venait point de ce que le seigneur aurait eu primitivement la propriété de toutes les terres, mais bien de ce que les habitants, qui avaient conservé leurs *alleux* ou *patrimoines* libres, finissaient par les soumettre aux droits des seigneurs, pour s'assurer protection (*præsidii causâ*) ; en Provence et en Dauphiné surtout, cette *Directe*, sauf la preuve précise du contraire, n'avait pas d'autre source que cette soumission volontaire, ou amenée par le malheur des temps et même par la force et la violence trop souvent employées par les seigneurs : «...Ipsi » privati possessores, INIQUITATE TEMPORUM pessumdati, » præsidii causà, se et sua prædia potentioribus ultrò » addixerunt et libertatis damno, patrocinium redeme- » runt...... AUDACIUS IN PLEBEIOS SÆVIERE, dit encore l'historien Auteserre (voir ci-dessus pages 18 et 19), en » parlant des seigneurs, in possessores prædiorum , » utcumque allodialium facilè in suam ditionem redege- » runt, sensimque allodia everterunt........» Voir aussi pages **20** et suiv. ci-dessus.

Le contrat *d'engagement* du 11 juin 1208 est-il un *titre primordial de propriété foncière universelle* sur les propriétés y désignées ? — Évidemment non ! d'En-

trevennes et d'Agout ne pouvaient se créer un titre à
eux-mêmes. Et puis, qu'engageaient-ils? — l'acte le dit :
« *omne jus et rationem quam pro pignore habebant*, »
non-seulement IN REVESTO, mais encore à Simiane et dans
les autres localités y dénommées ; — or, qu'avaient-ils
dans ces lieux en VRAIE PROPRIÉTÉ? — cet acte ne le dit
point, et le dirait-il en termes fort clairs, qu'il serait toujours très-constant que ni les d'Entrevennes et d'Agout,
ni le comte de Forcalquier ne pouvaient, nous le répétons,
se faire un titre à eux-mêmes ; il n'est pas même certain
qu'il s'agisse ici du Revest-DU-BION, puisque cette localité n'a fait partie des seigneuries des d'Agout que du XIVe
au XVe siècle, et quelle était auparavant aux mains de la
famille Adhémar !....

Encore moins avez-vous des titres primordiaux de
propriété sur les communes du Revest-du-Bion et de
Redortiers et sur l'ancien mandement ou fief de PIERRE-
ROUSSE ; — quant à cette dernière localité, vous avez bien
moins que l'absence absolue d'un pareil titre, car vous
avez tout le contraire. Ainsi : 1° elle n'est pas même nom-
mée dans le contrat d'engagement de 1208, acte bien
insignifiant ; — 2° dans la mention, faite en l'inventaire
des archives de l'ancienne Chambre des comtes du Dauphiné, d'une donation qui aurait été consentie, le 2 juin
1357, par Lambert Adhémar à Humbert Dauphin Viennois, DU CHATEAU ET TERRE DU REVEST-DU-BION, on donna
pour confronts à cette terre « CELLES *de Ferrassières de*
» *Barret*, de *St-Christophle* et de PONTOROUSSE ;... LES-
» QUELLES ÉTAIENT ALLODIALES..... » — Sans aucun doute,
Pontorousse n'est que l'altération ou corruption du mot
PIERREROUSSE, qui désigne la SEULE localité avoisinant ou

confrontant le *Revest-du-Bion*, à laquelle puisse s'appliquer cette dénomination altérée de *Pontorousse ;* sauf Pierrerousse, aucune des localités voisines du *Revest-du-Bion* n'a un nom qui approche *le moins du monde* de cette appellation de Pontorousse.....; le territoire de *Pontorousse* ou *Pierrerousse* n'était donc point compris dans cette donation, puisqu'il est cité comme *confront* à l'objet donné, et c'était une terre allodiale ; ce dernier point est le seul établi d'une manière bien positive par cette *mention*, qui est tout ce que l'on a de cet acte, de 1357 ; — et 3° il résulte d'une énonciation portée dans la *reconnaissance* du 18 décembre 1489, que déjà, à cette époque, les terres de *Pierrerousse* étaient en d'autres mains que celles du seigneur (Voir pages   et suiv. ci-après).

De bonne foi, pouvez-vous dire que vous avez un titre primordial de propriété universelle sur le Revest-du-Bion et surtout sur Pierrerousse? « Omne jus et » rationem quam pro pignore habebant in Revesto », dit l'engagement de 1208 ; ici, d'Entrevennes et d'Agout avaient si peu de chose, que cette restriction leur échappe (1),..... or, il résulte d'un *dénombrement,* sans date, *au dossier des adversaires* (art. 1877, *dénombrements faits par les nobles des baronies,* cahier 55), que le seigneur n'avait au Revest-du-Bion et à Pierrerousse que les droits dérivant de la directe, c'est-à-dire ceux de prendre *lods et ventes, corvées, tasques, censes*

_____

(1) En supposant que, dans cet engagement de 1208, il s'agisse du *Revest-du-Bion,* ce qui n'est pas du tout certain ! du reste, qu'il soit ici question de ce Revest, du *Revest-des-Brousses* ou de *Revest-en-Fangat,* peu nous importe !

etc., et que, « de plus, il avait audit lieu, (en propriété
» sans doute) UNE MAISON ET LE PLASSAGE DU CHATEAU.....»
Il n'y avait donc pas autre chose : *qui de una dicit,
negat de altero*.

Et, quant à cette donation prétendue du 2 juin 1357,
— donation qui aurait été simulée par Adhémar pour
s'inféoder au Dauphin et se mettre sous sa protection, —
ce qui, on ne saurait trop le redire, se pratiquait univer-
sellement dans les pays de franc-alleu, — quant à cet
acte, dont vous n'avez que la *mention* qui en est faite
dans un *inventaire*, vous n'oserez point dire que c'est un
titre PRIMORDIAL DE PROPRIÉTÉ *foncière universelle* sur le
Revest et surtout sur le *mandement* de *Pierrerousse* ou
Pontorousse, qu'il EXCLUT FORMELLEMENT, et duquel il dit
en même temps que c'était une terre ALLODIALE ! Vraiment, nous devrions être reconnaissant à nos contradicteurs de nous mettre sous la main de pareils titres !

Est-il besoin de dire ici, au sujet de l'acte du 11 juin
1623, que les droits de GLANDAGE que le duc de Lesdiguières s'y réserve sur les terres de Nyons, par lui cédées
au duc de Villeroy *en échange* des terres et seigneuries
du *Revest-du-Bion,* ne concernent aucunement cette
dernière localité, — mais seulement ces terres de Nyons
aliénées par le même duc de Lesdiguières ? Il suffit de
lire cet acte pour se convaincre de sa parfaite inutilité
dans la cause. On ne fera pas accepter, non plus, comme
formant *titre primordial de propriété foncière universelle*, cette kirielle d'*hommages*, de *dénombrements*, de
reconnaissances, rétentions et *formules féodales ;* on
sait déjà tout ce que cela vaut, surtout en pays de *droit
écrit* ou de *franc-alleu !*

Quant à Redortiers, vos actes de vente, des 19 février 1604 et 11 mars 1605, disent assez clairement ce qui vous a été vendu, ce que vous avez acquis dans cette localité, pour que l'on éprouve la plus grande des surprises en vous entendant soutenir que vous avez été PROPRIÉTAIRES PRIMITIFS, FONCIERS UNIVERSELS des terres de Redortiers, et que tous LES BOIS ET FORÊTS Y RADIQUÉS sont votre propriété, même *« les arbres étant aux prés et » terres labourables, »* que le seigneur lui-même, votre auteur, déclare et reconnaît cependant, par les termes formels de l'acte du 15 décembre 1693, appartenir AUX HABITANTS d'une manière exclusive et avec franchise même de tous droits d'usage !! C'est le cas de dire, comme pour *Pierrerousse* : « *ab uno* (casu) *disce omnes.* »

Et pour ce qui est de *Sault, Monieux, Aurel, St-Trinit* et *St-Jean de Durfort,* — qui formaient probablement tout ce qu'on appelait jadis *la ville* et *vallée* de *Sault,* — une fois la fameuse Bulle d'or de 1004 mise à néant comme *titre de propriété foncière*, que vous reste-t-il, en fait de titres de cette nature, sur ces dernières localités ? Rien, absolument rien !

Où donc est ce *titre originaire de propriété foncière universelle,* ce TITRE PRIMORDIAL, « que RIEN cependant NE SAURAIT REMPLACER, » ainsi que le dit l'auteur du mémoire contre Eymieu, page 28, (cité plus haut) ?

Encore une fois, nous ne l'apercevons nulle part dans les dossiers, si volumineux, des ayants droit de l'ancien seigneur.

De même qu'en admettant comme vrai et fondé leur système, notre TITRE PRIMORDIAL, à nous, ne pourrait être qu'un acte *directement émané du seigneur lui-même,* de même aussi il n'y aura TITRE PRIMORDIAL, pour ce dernier, que dans un des trois cas suivants (on n'en voit guères d'autres) : 1° s'il y a un acte par lequel le souverain, ou son ayant droit, lui aurait transmis ou cédé foncièrement *tel* territoire détaché de ses domaines, — ce qui a eu lieu, en général, dans tous les pays qui ne sont pas de *franc-alleu* (voir ci-dessus) ; — 2° s'il y a une *loi* qui lui ait conféré la PROPRIÉTÉ FONCIÈRE UNIVERSELLE de *telle* contrée ; — 3° enfin, s'il y a quelque traité ou concordat, de prince à prince, ou de peuple à peuple, en vertu duquel il soit devenu PROPRIÉTAIRE FONCIER UNIVERSEL de *telles* ou *telles* terre ; ces acte, loi, traité ou concordat, établissant, bien entendu, que ces territoires, contrée ou terres sont déserts, sans hameaux ou villages, ou soit sans habitants ou possédants bien préexistant.

Mais vous n'avez rien de pareil !

Vous n'avez donc aucun TITRE PRIMORDIAL !

§ II. TITRES DES ADVERSAIRES.

Après avoir écarté les actes et documents qui viennent d'être mentionnés, ainsi que tous autres semblables, comme tout-à-fait impuissants à établir en faveur du seigneur, surtout en pays de *droit écrit* ou de *franc-alleu,* la propriété *primitive, foncière, universelle,* des territoires des diverses localités dont il s'agit, — les autres titres produits par nos contradicteurs ne doivent être considérés, ainsi que la *Directe universelle* qui en résulte, que comme les suites et conséquences d'une inféodation volontaire ou forcée, soit par le malheur des temps *(iniquitate temporum)*, soit par le despotisme féodal qui tendait sans cesse à diminuer les *alleux (sensimque allodia everterunt)* : ce qui, on le sait, était tellement usité en pays de *droit écrit* ou de *franc-alleu*, que, de droit commun, les fiefs y étaient considérés n'avoir pas d'autre source ou origine qu'une pareille inféodation (voir ci-dessus pages 18, 19, 20).

Ce point de départ une fois établi et l'absence d'un titre de propriété *primordiale, originaire*, étant constatée, il est bien évident que les principes invoqués par l'auteur du mémoire contre Eymieu et professés par La Touloubre, *Jurisp. féod.* tom. II, tit. 18, pag. 521 ; par Julien, *Statuts,* tom. I, pag. 315, — et autres, au sujet de la *Directe universelle* dans un fief ou terroir *circonscrit* ou *limité*, nous sont tout-à-fait étrangers, ne nous sont point du tout applicables, puisque ces auteurs supposent tous que cette *Directe* a sa source, non point dans une inféodation telle que celle dont nous venons de parler, — générale et de droit commun dans les pays de *franc-alleu*, mais dans une aliénation réellement faite par le seigneur, dont ils admettent ainsi la propriété *originaire* ou *primitive :* (1) — Et encore, ces principes, relatifs au fief ou terroir *circonscrit* et *limité*, ne s'entendent, suivant les auteurs les plus compétents « *que des directes, mouvances et justices,* » et nullement d'*un droit de propriété primitive, foncière* quelconque. Voir : no-

----

(1) « Les reconnaissances, dit La Touloubre, tome II, tit. 9, § 25,
» *Jurisp. féod.*, sont relatives au titre primordial qu'elles supposent. »

tamment, Rousseau de Lacombe, *Rec. de Jurisp.* v°
cens. § IX, et v° *franc-alleu*, § VI ; — Ricard, *sur Paris*,
68. — A bien plus forte raison, ces principes sont-ils
tout-à-fait insignifiants, comme preuves d'un droit de
cette nature, quant aux terres de l'ancien mandement
de *Pierrerousse*, qu'un acte où LE SEIGNEUR LUI-MÊME
EST PARTIE, — la donation du 2 juin 1337, dit être AL-
LODIALES (voir ci-dessus, page 45). — Voir encore :
Graverol-sur-la-Roche, *des droits seigneu.* ch. I, art. I ;
— Rousseau de Lacombe, v° *Franc-alleu*, § IV, alin. III ;
— Salvaing de Boissieu, ibid. ch. 53, page 279.

Mais c'est précisément la non existence de ce droit
de propriété *primitive* ou *originaire* sur la tête du
seigneur que nous croyons avoir démontrée, et c'est
pourquoi il est si vrai de dire que RIEN NE SAURAIT REM-
PLACER LE TITRE PRIMORDIAL, «..... possessio subsequens
» intelligitur secundùm titulum præcedentem, DE QUO
» CONSTAT, ad quem refertur, *et secundùm illum deter-*
» *minatur...* » Dumoulin, *Cout. de Paris*, tit. *des fiefs*,
§ 68 ; — et dans son traité *De usuris*, quest. IX, n° 27 ;
— D'Argentré, *Cout. de Bretagne*, art. 276, glos. 1, n°ˢ
4 et 5..........

Et cependant l'auteur du *Mémoire contre Eymieu*,
dans lequel nous lisons la formule de ce rigoureux
axiome, sachant bien que *le seigneur n'a aucun titre de
cette nature, surtout à Simiane,* — comme s'il était
bon d'avoir quelquefois *deux poids et deux mesures*, cet
auteur (page 35) prétend que, à la différence des simples particuliers, impitoyablement soumis *à passer par
la formule*, le seigneur doit être dispensé de représenter
le titre primordial, et que l'on doit considérer comme

titres suffisants entre ses mains les RECONNAISSANCES DE
PROPRIÉTÉ faites par les communautés : « ce sont, dit-il,
» LES SEULS à peu près que les anciens seigneurs puissent
» produire......» On ne saurait confesser plus naïvement
cette absence du *titre primordial de propriété originaire*
sur la tête de l'ancien seigneur !

Il va sans dire que l'auteur du mémoire ne motive
point du tout cette différence de principe, entre les simples particuliers et le seigneur, en matière de preuve de
la propriété ; *dispense* pour ce dernier de produire le
titre primordial, et *nécessité* rigoureuse, implacable,
pour les simples particuliers, de le représenter ! DEUX
POIDS ET DEUX MESURES !

Mais nous savons déjà ce que valent, en pays de *franc-
alleu* ou de *droit écrit*, les *aveux* et *reconnaissances*
comme titres de propriété ;..... « simplex recognitio non
» disponit nec immutat statum rei », dit Dumoulin. Le
très-savant Guidon-Pape, question **272**, enseigne aussi
*que le domaine n'est point transféré par la reconnais-
sance...* elle ne peut servir qu'à établir les censes et
redevances dues au *seigneur direct*..... Nous nous abs-
tiendrons, en conséquence, de répéter ce qui a été
démontré à ce sujet, pages **25**, **26** et **27**.

Les *aveux et reconnaissances* ne pourraient valoir, en
fait de preuve de la propriété, qu'en suite et *en vertu*
d'un titre primordial, que non-seulement vous ne repré-
sentez point, mais dont encore les principes admis en
pays de *droit écrit* ou de *franc-alleu* sur l'origine de la
Directe, font supposer ou présumer, tout au contraire,
LA NON EXISTENCE !

Ne nous parlez donc plus de votre *reconnaissance* ou *transaction* du 18 octobre 1700, pour prouver que vous êtes *propriétaires des bois et forêts*; elle est, à cet égard, comme tout autre acte de cette nature, frappée de la plus complète impuissance. Elle n'a pu, par aucune énonciation, vous transférer des droits de propriété, qui n'auraient pu résulter en votre faveur que d'un titre *acquisitif* ou *primordial*; — elle n'a pu que constater des mesures prises, de concert avec les habitants, pour *la conservation des bois et forêts*, dans l'*intérêt de vos droits de Directe* et pour *le bien public*, auquel vous étiez tenu de veiller en votre qualité de *seigneur haut-justicier*. Non, très-certainement, en présence des vrais principes de la matière, cet acte, dont on a fait tant de bruit, n'est point un TITRE DE PROPRIÉTÉ; — il ne vaut, ni plus ni moins, quand il s'agit de prouver la propriété, que la *délibération municipale* de Simiane, toute redondante encore des termes de l'obédience féodale, quoique datée du 17 mai 1789, c'est-à-dire de quelques mois à peine avant la Révolution. Ni cette reconnaissance ou transaction, ni cette délibération municipale, ne sont des TITRES DE PROPRIÉTÉ !

Il faut nécessairement, et à fortiori, en dire autant :

1° De la *transaction* ou *reconnaissance* du 18 décembre 1489, dans laquelle, pour la première fois, parmi les actes et documents produits, il est fait mention du *mandement de Pierrerousse*, en même temps que celui du *Revest*, non point à titre de *confront* de ce dernier, comme dans la donation de 1357, mais comme compris dans la seigneurie des dames Catherine et Blanche Adhémar. Il parait que, dans la période de plus de 150 ans, écoulée de 1357 à 1489, le propriétaire de cette terre ALLODIALE de *Pierrerousse* l'avait inféodée au seigneur du *Revest*, dans la forme généralement usitée en pays de *droit écrit* ou de *franc-alleu* (voir plus haut) ; — cette forme, ce mode d'inféodation, cette franchise ou allodialité originaires des terres de ces deux *mandements*, résultent des termes mêmes des hommages prêtés par leurs possesseurs ou habitants, — de celui, notamment, en date du 13 mars 1520. Le seigneur y promet « manutere et observare in eorum *libertatibus* » et privilegiis in quibus EOS INVENIT..... » Ces possesseurs ou habitants jouissaient donc de ces *franchises* ou *libertés* avant l'intervention, avant la *venue* du seigneur ! « in quibus eos INVENIT ! » — Cet acte de 1489 constate, au reste, que la terre de *Pierrerousse* se trouvait, à cette époque reculée, foncièrement, propriétairement en d'autres mains que celles du seigneur. (Voir pag.   ci-après) ;

2° De l'*ordonnance* du comte de Sault, du 20 avril 1668 ;

3° Du *dénombrement* ou *aveu* du 26 mars 1681, dans lequel ne figurent ni le seigneur du *Revest*, ni le *mandement de Pierrerousse ;*

4° De la sentence arbitrale, du 2 avril 1648, qui ne règle que des droits et revenus dérivant de la simple *Directe*, laquelle, en pays de *droit écrit* ou de *franc-alleu*, n'a rien de commun avec *la propriété*, on le sait bien ;

Et 5° à bien plus forte raison de tant d'autres actes, documents, clauses et mentions, qui ne sont que l'attirail ou le bagage de cette même *Directe féodale*, tels que

hommages, investitures, baux emphytéotiques, alberge-
ments, nouveaux baux, procurations, clauses de subjec-
tion et de dépendance ou de vasselage, etc...; ou qui ne
sont que les suites et conséquences de la *haute justice,*
tels que *poursuites* en répressions de délits dans les *bois*
et forêts, — *procès-verbaux* de gardes champêtres, —
demandes en permission d'abattre, etc...

Nous ne voyons guères, entre les mains du seigneur,
d'autres titres ou actes *acquisitifs de propriété* que les
actes déjà mentionnés (ci-dessus pag. 48), des 19 février
1604 et 11 mars 1605, relatifs à la seigneurie de Redortiers; mais il est très-incontestable qu'ils ne contiennent
aliénation, en faveur du duc de Lesdiguières, que de ce
qui y est nommément exprimé, et qu'ils ne constituent
certainement point l'acheteur *propriétaire foncier* de
l'universalité *du territoire* et *des bois et forêts* de la
commune de Redortiers; il suffit de les lire pour s'en
convaincre.

Nous allions oublier de dire que les ayants droits de
l'ancien seigneur nous opposent encore, comme titre de
propriété sur les *bois et forêts* de la seigneurie du *Revest-*
du-Bion, et même sur ceux du *mandement* de *Pierre-*
rousse, — qui n'y est pas même mentionné, bien que ce
fût, on le sait, *une terre distincte,* — un arrêt qui a été
rendu par le parlement de Grenoble, le 22 août 1726,
entre cette commune du *Revest* et le seigneur, et qui, en
se fondant sur certains actes, *hommages, reconnaissan-*
ces, albergements, etc. etc., tous entachés de féodalité,
déclare maintenir ce dernier dans la propriété des forêts
du Revest, sans, toutefois, rien statuer au sujet *des*
droits d'usage que les habitants pouvaient avoir dans ces

forêts, et toutes réserves, au contraire, étant expressément faites à ce sujet.

Mais, outre que cette décision, à l'égard des possesseurs actuels de cet ancien mandement de *Pierrerousse,* qui n'y est pas du tout mentionné, quoique formant, encore une fois, une localité distincte et à part de celle du Revest, doit être, sans doute, considérée comme *res inter alios acta,* — il faut que nos adversaires se souviennent qu'un titre de cette nature se trouve frappé de la plus complète impuissance par l'article 8 de la loi du 28 août 1792, dont l'application a été faite, maintes fois, par la Cour de cassation, et, notamment, dans un arrêt du 2 avril 1855 (Sirey, 55, 1, 262).

Le dispositif de cet arrêt, déjà mentionné ci-dessus, porte « que les jugements et arrêts rendus sous l'empire » de l'ancienne législation, en *conformité et pour l'exé-* » *cution d'actes entachés de féodalité,* ont été enveloppés » dans l'abolition du *régime féodal,* prononcée par les » lois de la Révolution (lois des 4 août 1789, 17 juillet » 1795.....) et, comme tels, FRAPPÉS DE NULLITÉ........ »

Devons-nous enfin faire mention de cet acte sous seing privé, du 22 messidor an XI, par lequel le seigneur du Revest ou son ayant droit immédiat a vendu au nommé Barruol, — que nos adversaires représentent aujourd'hui au moyen d'un acte sous seing privé, du 18 avril 1856, déposé aux minutes de M⁰ Roubaud, notaire à Marseille, le 9 mai suivant, — « TOUS LES IMMEUBLES que l'hoirie de » Villeroy avait et possédait au Revest-du-Bion, *tant* » *bois et devens,* s'il en existe sur cette commune, sous » les confins et contenances *dont aux États de section* » *de ladite communauté, et dont ledit Barruol a dé-*

» claré avoir une parfaite connaissance ? » — Quand on sait que le sieur Barruol, originaire de cette commune *et y ayant toujours habité*, n'a jamais, PENDANT PLUS DE 50 ANS, fait le moindre acte de possession sur *les bois* du Revest, n'y a jamais formulé, durant toute cette période de PLUS DE 50 ANS, la moindre prétention, MALGRÉ LES TERMES FORMELS de cet acte du 22 messidor, peut-on s'empêcher de voir en lui un de ces témoins d'autant plus dignes de foi qu'ils sont intéressés à dire le contraire de ce qu'ils attestent ? — bien plus, LE MAITRE, LE PROPRIÉ-TAIRE LUI-MÊME déclarant, affirmant, DEPUIS PLUS DE 50 ANS, qu'il n'a rien à voir, rien à prétendre, pas plus que l'ancien seigneur, son auteur presque immmédiat, sur ces bois du Revest ?

MM. Roux et Gavot pourraient-ils, aujourd'hui, eux qui ne sont, quant à ces *bois* et *devens* du Revest-du-Bion, que ce Barruol lui-même en personne, que les simples ayants droit de Barruol, prétendre autre chose que ce dernier ? — pourraient vouloir autre chose que continuer son silence DE PLUS DE 50 ANS !!

CONSÉQUENCE TRÈS IMPORTANTE DE CE QUI PRÉCÈDE.

Le seigneur n'ayant, on le voit, ni *titre primordial*, ni *titres de propriété*, capables de le constituer *proprié-taire foncier universel* d'un territoire quelconque, limité ou non, capables surtout *d'imposer à une généralité d'habitants la qualité* D'USAGERS *dans l'universalité des bois et forêts du lieu*, il faut en conclure invinciblement :

8

« Que s'il est vrai que les actes dont le seigneur est nanti, joints à des faits de possession, qui doivent être BIEN ET DUMENT CONSTATÉS, ont pu le rendre, PAR VOIE DE PRESCRIPTION, propriétaire de certaines portions de ces bois et forêts, — de ceux, par exemple, qui, à Simiane, ne sont point compris aux confronts des possessions privées, — *il n'est pas moins certain* qu'un prétendu vice de précarité ne sera jamais un obstacle A LA PRESCRIPTION que les particuliers, de leur côté, invoqueraient, *au besoin*, pour toutes les portions de ces mêmes bois et forêts qu'ils tiennent et possèdent *depuis bien plus de trente ans.* »

En effet, en l'absence d'aucun *titre primordial*, ou de tous autres actes pouvant établir *la propriété* sur la tête du seigneur, et constituer ces particuliers en état de *précarité*, il est absolument impossible d'invoquer contre eux le terrible adage : *titulus semper clamat.*

D'ailleurs, avez-vous seulement l'ombre du titre que demande l'article 8 de la loi du 28 août 1792 ? — il n'est pas même possible de voir un titre de cette nature dans les actes de 1604 et 1605, relatifs à Redortiers, puisque cette loi (article 9) rejette tout acte de transmission du fief *à titre universel !* (Voir pag. 55 ci-desssus, et ci-après).

§ III. NOUVEAU BAIL. — ALBERGEMENT. — EMPHYTÉOSE.
— DÉFENSES, DANS LES ACTES AINSI QUALIFIÉS,
COMME DANS LES RÈGLEMENTS ET ORDONNANCES DU SEIGNEUR,
DE *COUPER OU DE DÉTÉRIORER LES ARBRES ET BOIS*
RADIQUÉS DANS LES TERRES DÉPENDANT DE LA SEIGNEURIE,
OU SOIT, RELEVANT DE LA *DIRECTE*.

L'inféodation originaire, dont on connait le principe et la forme en pays de *droit écrit* ou de *franc-alleu* (voir ci-dessus, notamment pages 7 et 8), conférait incontestablement au seigneur *direct*, — alors surtout que la partie inféodée était une communauté ou agrégation d'habitants ayant des biens, pâturages et bois communs, — tous les avantages de la domanité supérieure, ou soit, de la *Directe* et de la *haute justice*, tels que les droits de *confiscation*, de *prélation*, de *commise*, de *déshérence*, etc. (Voir: Boutaric, *Traité des dr. seign.* ch. IV, page 521; — Despeisses, *Dr. seign.* sect. VI, page 154; — Le Bret, *de la souver.* liv. III, chap. XII; — Laroche, *Dr. seign.* chap. 25 *des biens vacants*, art. 5), et même celui, tant que la limite des besoins des habitants inféodés n'était pas atteinte, de disposer soit des *communaux*, soit des *biens vacants*, ou abandonnés, ou non possédés à *titre privé : « feudi proprietas* (dit Cujas, » sur le tit. 17 du II. liv. *des fiefs*), *non pertinet ad* » *vassalum, sed ad superiorem dominum…*»

Et ceci était admis comme vrai EN DROIT FÉODAL, quelle
que fût la source ou l'origine du fief ; soit *titre primordial,* — soit force de la règle : *nulle terre sans seigneur,*
dans les lieux où il était justifié de ce *titre* ou de cette
règle, (ce qui, à coup sûr, n'existe pas dans l'espèce) ;
— soit abus de pouvoir, usurpation, violence, de la part
des seigneurs ; — soit soumission volontaire, ou forcée
par le malheur des temps (*iniquitate temporum*), aux
droits des seigneurs, de la part des possesseurs d'*alleux,*
— ce qui, on le sait, était de droit commun en pays de
franc-alleu ou de *droit écrit.* — Mais, avant d'aller plus
loin, posons et retenons la règle que voici, — elle n'a
besoin, ce nous semble, d'aucune démonstration :

SEULS, les droits dérivant d'un *titre primordial* ou
d'un *titre acquisitif* de propriété foncière, s'il en existait
ou s'il en était produit, auraient survécu, en tout ce
qu'ils avaient de réellement *foncier* et non *féodal,* à
l'abolition de la féodalité ; — tous les autres droits, procédant des autres sources sus-indiquées, auraient infailliblement péri, on le comprend, avec le *régime féodal,*
par lequel et en vertu duquel, SEUL, ils existaient, —
sans préjudice, néanmoins, des concessions et aliénations
consenties, dans la suite des temps, par le *seigneur
haut direct justicier,* (en suite de tels droits ainsi abolis) ;
en faveur des particuliers *non seigneurs* (ce qui est de
jurisprudence certaine et invariable).

L'inféodation originaire et les droits qui en étaient la
suite mettaient donc à la disposition du *seigneur direct
haut justicier* de vastes étendues de terres, presque toujours *incultes.* Pour les mettre en produit, y attirer ou
retenir des colons ou habitants, ce dernier en a fait, dans

la suite des temps, l'objet d'une multitude de morcelle-
ments ou de concessions, qui, sous le titre d'*albergements*, de *concessions à nouveau bail*, conféraient aux
concessionnaires le *droit de jouir à perpétuité* des fonds
ainsi concédés, et même *d'en disposer,* sauf à offrir et
donner *prélation* (préférence) au seigneur, lorsque ce
dernier se l'était réservée.... Ces concessions étaient faites d'ailleurs à la charge de certaines redevances ou
prestations envers le seigneur, telles que la *cense*, la
tasque, etc., — et, notamment, sous la réserve expresse,
pour lui, de la *Directe* et *majeure seigneurie (dominium majus),* etc. ; de sorte que, en réalité, la propriété
se trouvait scindée en deux parts, l'une dite DOMAINE
DIRECT *(dominium)* restant au seigneur, et l'autre, qu'on
peut appeler le DOMAINE UTILE, attribuée au concessionnaire.

Ces concessions, dans l'ancien comté *de Sault* (de
Saltus, forêt,) principalement, comprenaient le plus
ordinairement des étendues de terrains *boisés,* que le
concessionnaire, (l'albergataire, l'emphytéote) devait
DÉFRICHER, cultiver, mettre en produit, AMÉLIORER *(em-
phytcuein);* de sorte que si l'emphytéote ne DÉFRICHAIT
point, ne cultivait point, *n'améliorait* point le terrain concédé, il y avait cas de *commise ;* le fonds emphytéosé
revenait dans la main du *seigneur direct :* étant bien
entendu que la *commise* devait être prononcée par jugement (Voir Lacombe, *Jurisp. civ.* v° *Commise ; —* Salvaing de Boissieu, *de l'us. des fiefs*, chap. v ; — et tant
d'autres).

Il y avait lieu à *commise,* notamment, — et c'est le
cas qui fixera ici notre attention, si l'emphytéote *détério-*

rait le fonds emphytéosé, — s'il *dégradait,* s'il *détério-
rait,* par exemple, les *arbres et bois* y radiqués, qui en
faisaient partie intégrante, — et si, en général, il n'exé-
cutait point toutes les clauses du contrat : « *qui rem in*
» *emphyteusim accipit,* dit Voët (*si ager vectigalis,*
» nº 11), *eam deteriorem reddere non potest....* » Le
savant Cujas a regardé cette condition *d'améliorer* et *non
détériorer* comme tellement essentielle au contrat emphytéotique, qu'il a cru *qu'on ne pouvait bailler à ce titre
que les fonds déserts ou incultes.* « Emphyteusis (dit cet
auteur dans ses *par.* sur le tit. cod. *de jur. emph.)* est
« *contractus quo dominus fundi sui deserti fortè et squa-*
» *lidi usum et usumfructum plenissimum et* QUASI DOMI-
» NIUM *alteri concedit, eà lege ut inserendo, plantando,*
» *arando, colendo,* MELIOREM *eum et* PRETIOSIOREM *faciat,*
» *proque eo pendat pretium seu vectigal annuum...*»

Telle est la doctrine invariable de tous les auteurs qui
ont écrit sur ce sujet. Voir : Jul. Clar. § *Feudum,* quest. 47
et 56, et § *Emphyteusis,* quest. 26, nº 1 ; — Despeisses,
Dr. seign. tom. III, tit. III, art. V et tit. IV, art. V, § 18 ;
— Cujas, *ad. leg.* 2 cod. *de jur. emphyt.* ; — Laroche, *Traité des dr. seign.* chap. *des détérior. d'un fief,*
XI, art. I ; — arrêt du parlem. de Toulouse, du 1er juillet
1602 ; — La Touloubre, *Jurisp. féod.* tom. II, tit. II, § 6,
dit expressément que «la faculté de couper les bois radi-
» qués dans le terrain emphytéosé est interdite à l'em-
» phytéote SI CES BOIS EUX - MÊMES ONT ÉTÉ DONNÉS EN
» EMPHYTÉOSE, (ont été, en un mot, compris dans la
» concession emphytéotique), auquel cas l'emphytéote
» ne peut prendre que du bois mort pour son chauffage
» et du bois pour bâtir..... » De sorte que, au lieu de

dire, comme nos contradicteurs : « le seigneur a défendu
» à tous les emphytéotes de couper les bois radiqués dans
» les fonds concédés, DONC IL N'A POINT ENTENDU LES COM-
» PRENDRE DANS LA CONCESSION », il faut, tout au contraire,
dire, avec La Touloubre, ce que voici :

   « Le seigneur a fait aux emphytéotes et albergataires
» des recommmandations sévères pour la conservation
» de ces bois, — il a défendu de les couper, — il a fait
» dresser des procès-verbaux ; — il a exercé des pour-
» suites contre ceux qui coupaient ces bois *sans sa per-*
» *mission, sans avoir fait une demande en permission*
» *d'abattre,* DONC IL LES A CONCÉDÉS, ALBERGÉS OU EMPHY-
» TÉOSÉS, AUSSI BIEN QUE LE TERRAIN OU ILS VÉGÈTENT ! »

   Que si l'on veut dire que ce passage de La Touloubre
ne s'applique qu'au cas où *le bois* lui-même a fait *l'objet*
principal de la concession emphytéotique, il servira
toujours à établir que cette *défense de couper,* imposée
à l'emphytéote, ne signifie point du tout que *ce bois* n'a
pas été concédé ou emphytéosé, et que le seigneur a
entendu *se le réserver !*

   Il est vrai que dans les *albergements* et *emphytéoses,*
dont nous avons à nous occuper ici, les *bois et arbres* ne
sont que l'accessoire, plus ou moins important, du fonds
qui fait l'objet principal de la concession ; il est vrai aussi
que, dans ce cas et suivant le même La Touloubre et
quelques autres auteurs qui raisonnaient au point de
vue de la jurisprudence de leur temps où les emphytéoses étaient déjà réduites *à l'instar des patrimoines,* le
concessionnaire pouvait, en droit, *couper et détériorer*
les bois et arbres radiqués dans les fonds concédés ; —
cela est vrai, et voilà pourquoi, afin de prévenir toute

contestation sur ce point et pour l'assurance de ses droits, actuels ou éventuels, le seigneur direct, surtout dans des localités où *les bois* formaient précisément *la meilleure et plus importante partie du fonds*, a jugé à propos *d'en défendre la coupe et la dégradation.* « L'emphytéote » perpétuel, dit La Touloubre, *Jur. féod.* tom. II, tit. II, » § IV, peut démolir les bâtiments qu'il a trouvés construits (comme il peut couper les bois qu'il trouve radiqués dans les fonds emphytéosés) POURVU QU'IL METTE LE » SEIGNEUR DIRECT HORS D'INTÉRÊT EN DONNANT DES SURETÉS » POUR LE PAIEMENT DE LA RENTE... » Voir aussi Loyseau, *du déguerpissement*, liv. V, chap. V, n° XI. — De même, celui qui, moyennant un prix, payable à des termes plus ou moins éloignés, vend un fonds *complanté de bois*, ne manque jamais, — à moins d'autres sûretés à lui données, — de *défendre* à l'acheteur la coupe ou la dégradation de ces bois, jusqu'à paiement. Osera-t-on argumenter d'une pareille défense, pour prétendre que le vendeur n'a point compris ces mêmes bois dans la vente et a entendu s'en réserver la propriété ? — De sorte que, peu importe que ceux-ci aient formé *l'objet principal* de la concession, où qu'ils n'en iaent été que *l'accessoire*; cette défense de les *couper* ou *détériorer*, imposée au concessionnaire, n'impliquera jamais, pour un esprit tant soit peu sérieux et réfléchi, la réserve, en faveur du concédant, de *la propriété de ces bois !*

La simple qualité de SEIGNEUR DIRECT HAUT JUSTICIER, — et de droit commun, en pays de *droit écrit* ou de *franc-alleu*, à moins de représenter un *titre formel d'acquisition*, il n'en avait pas d'autre, — suffisait à l'ancien seigneur *pour défendre la coupe et la dégradation des*

bois relevant de sa directe, « si, comme le disent Guy-
» Coquille, *Cout. du Niv.* art. 21, et Salvaing de Bois-
» sieu, *De l'us. des fiefs,* chap. 83, pag. 409, ces bois
» sont la meilleure partie du fief, et qu'après la coupe
» des bois, le fonds ou sol soit inutile au labourage ou à
» revenu de bois taillés et insuffisant pour payer la
» rente......»

Or, telle est la position de la grande généralité des bois de l'ancien comté de Sault ; presque tous insusceptibles d'être *mis en taillis*, et radiqués dans des terrains ingrats et pierreux, — que l'emphytéote ne pouvait ensemencer et mettre en produit de céréales qu'après les avoir laissés en repos trois ou quatre années, — *ces bois* constituaient bien la meilleure partie du fief ; et, toutefois, même en admettant la possibilité de mettre en taillis, comme, à cette époque, le revenu de cette nature de biens *(les bois)* était presque nul, il y avait encore grande utilité pour le seigneur à multiplier ses concessions emphytéotiques *(donner à nouveau bail).*

On comprend déjà l'intérêt qu'avait ce dernier *à défendre la dégradation des bois et forêts* soumis à sa *Directe,* de ceux même radiqués dans les fonds concédés, albergés, emphytéosés, — à édicter des règlements sévères pour leur conservation ; — mais voici quelques nouvelles considérations pour justifier et expliquer ces défenses et prohibitions :

1° Si l'emphytéote ou albergataire avait pu couper librement, *détériorer* les bois radiqués dans les fonds concédés, cette détérioration aurait tourné entièrement au préjudice du seigneur, d'abord, en diminuant ses sûretés pour le paiement de la redevance, — et ensuite en amoindrissant considérablement la valeur de la chose qui pouvait venir en ses mains, devenir son entière propriété dans les divers cas de *commise;*

2° Les détériorations, telles que la coupe *des bois et arbres*, en diminuant la valeur de la chose, auraient diminué proportionnellement les *droits de lods et ventes* dus au *seigneur direct* à chaque mutation ;

3° A l'époque où le seigneur, au mépris du pacte originaire, voir page 59 ci-dessus (*l'acte d'inféodation,* — *les transactions avec les communes....*), commença à abuser de son *droit de disposer des bois et forêts, terres gastes, biens vacants, relevant de sa directe, non possédés à titre privé,* — au point de compromettre les droits des habitants, d'excéder la limite de leurs besoins et d'exciter même, de la part de ces habitants, des réclamations énergiques (1), — cette défense de *couper et de dégrader les arbres et bois,* faite aux emphytéotes ou albergataires, acquit une nouvelle portée ; elle garantissait les droits du seigneur ainsi que ceux des communes, et mettait ce dernier à l'abri de pareilles réclamations. Souvent même, à partir de cette époque, le seigneur croyait nécessaire de dire, en outre, dans l'acte de concession : «..... *sauf les droits des tiers,.... sauf à l'em-* » *phytéote à faire cesser les plaintes, si nos sujets de* » *telle commune en élèvent à raison de la présente* » *concession. ...* » : ce qui, de TOUTE ÉVIDENCE, revenait à dire : «je vous concède ces bois, je les comprends dans » la présente concession, — mais sauf à vous, emphy-

(1) Voir une transaction, du 29 mars 1639, entre le seigneur et la commune de St-Christol, à la suite des plaintes portées par celle-ci contre lui devant le parlement de Provence.

» téote ou albergataire, à vous défendre contre les récla-
» mations que pourrait élever telle commune, à cause de
» ses droits sur ces bois....»

4° Enfin, comme *haut justicier* des terres qui rele-
vaient de lui, le seigneur n'avait-il pas le droit et le
devoir de faire exécuter et d'appliquer « *les lois et ordon-*
» *nances de Sa Majesté sur le fait des eaux et forêts,* »
en nous servant des propres termes de la plupart des
procédures dirigées contre les délinquants, à diverses
époques ? — Évidemment, oui ; — or, tout le monde
connaît la rigueur de ces *lois et ordonnances.* «... Enjoi-
» gnons à tous nos sujets, sans exception ni différence,
» dit l'article 1er du Tit. xxvi, de l'ordonnance royale du
» mois d'août 1669, de régler la coupe de leurs bois
» taillis. ...., et qu'au surplus ils observent en l'ex-
» ploitation ce qui est prescrit pour l'usage de nos bois,
» aux peines portées par les ordonnances....; » — Arrêt
du Conseil, des 24 février et 2 mai 1695, portant défenses
à tous seigneurs et propriétaires de bois d'y faire couper
aucuns baliveaux, ni arbres de futaye sans permission
de Sa Majesté.... ; — autre arrêt du Conseil, du 10 mai
1735, qui fait défense à tous les juges des justices des
seigneurs de donner aucune permission de couper des
bois et arbres de futaye, baliveaux en taillis ou arbres
épars, et aux greffiers desdites justices de recevoir aucune
déclaration des particuliers, pour raison des arbres qu'ils
voudraient abattre, à peine de 1000 livres d'amende
contre lesdits juges et de 500 livres contre lesdits greffiers, — sauf auxdits particuliers, de quelque qualité et
condition qu'ils soient, à se conformer à l'article iii du
titre *des bois appartenant à des particuliers,* de l'ordon-

nance de 1669, et aux arrêts du conseil des 21 septembre 1700 et 6 septembre 1725, etc., etc.

Il est de toute évidence qu'une pareille législation armait le seigneur *haut justicier*, pour la police des bois et forêts de sa seigneurie, particuliers ou communaux, d'un pouvoir à peu près discrétionnaire, et qui lui donnait toutes les allures du *propriétaire*, à ce point que, les idées du temps et la doctrine de quelques auteurs sur la *Directe* venant en aide, il était assez naturel qu'il prît quelquefois cette qualité comme dans la transaction de 1700) ! La puissance féodale tendant ainsi à convertir en droit de *propriété* ce qui n'était, en réalité, en principe, qu'un droit *d'administration et de gouvernement* : le même système précisément qui avait été, dans l'origine, suivi pour l'établissement des *fiefs* à titre de *propriété héréditaire* (voir pag. 20 ci-dessus) !!! La même cause devait tendre sans cesse à produire les mêmes effets.

De tout cela découle, ce nous semble, l'explication bien simple, bien naturelle, bien juridique surtout, de ces défenses de couper et détériorer les bois, — de ces règlements édictés par le comte de Sault, pour la conservation *des bois et forêts* de sa seigneurie, de ceux même radiqués dans les fonds par lui concédés, — de ces prohibitions rigoureuses, de ces demandes en permission d'abattre, émanées de celui-là même qui voulait couper DANS SES PROPRES FONDS, — en un mot, de ces poursuites et procès-verbaux, dont, par le plus singulier de tous les anachronismes, nos adversaires essaient aujourd'hui encore de continuer le système : ne paraissant point vouloir comprendre que, depuis l'abolition du *régime féodal*, ils n'auront AUCUNE ESPÈCE DE DROIT à exercer sur les *bois et*

forêts radiqués dans nos fonds, TANT QU'ILS N'AURONT POINT
PROUVÉ : ou que le seigneur était originairement *propriétaire foncier* de tous ces bois et forêts, — ou qu'il les a
légitimement acquis dans la suite des temps, — qu'il a
toujours entendu, en cette qualité de propriétaire, ainsi
et non autrement, établie, — se *les réserver*, — en
d'autres termes, ne jamais les comprendre dans les concessions à *nouveau bail, albergement* ou *emphytéose*, et
qu'il n'a jamais, en cette même qualité, concédé aux
habitants que de simples *droits d'usage* sur ces mêmes
bois et forêts ; — or, nous l'avons VU, RIEN DE TOUT CELA
N'EST PROUVÉ.

§ IV. EST-IL VRAI QUE LE COMTE DE SAULT N'A JAMAIS
DISPOSÉ QUE DES TERRES,
N'A JAMAIS BAILLÉ QUE DES TERRES A EMPHYTÉOSE,
ET
QU'IL N'A JAMAIS ENTENDU COMPRENDRE DANS SES CONCESSIONS
LES BOIS ET FORÊTS Y RADIQUÉS ?

I. — Ils soutiennent avec le plus grand sang-froid du
monde, ces braves gens qui hésitent si peu à nous taxer
D'USURPATION, que ces *règlements, prohibitions, procès-
verbaux de gardes forestiers, demandes en permission
d'abattre,* etc., etc., supposent nécessairement que le
comte de Sault NE S'EST JAMAIS DESSAISI D'AUCUNS BOIS ET
FORÊTS... Dans un mémoire qu'ils ont publié et imprimé
à Grenoble, le 10 mai 1842 (page 50), ils affirment que
« le *comte de Sault ne se dépouilla jamais des bois et*

» *forêts, et qu'il ne bailla* (à nouveau bail, en emphy-téose.....) *que des terres ;* » que celles-ci seulement, et non *les bois et arbres,* ont été compris dans les concessions par lui faites....

Les considérations qui précèdent suffiraient déjà pour démontrer théoriquement, en principe, que le contraire de ce que prétendent nos contradicteurs devait avoir lieu. Voici maintenant des exemples ou applications qui prouvent, d'une manière bien positive, que le comte de Sault *a en effet disposé des bois et forêts,* tout comme des terrains où ils étaient radiqués, — a entendu comprendre, et a réellement compris, dans cette foule de *nouveaux baux* ou de concessions emphytéotiques par lui consentis dans la suite des temps, aussi bien les terrains que les arbres et bois qui y végètent.

Le comte de Sault ne manquait jamais, soit dans les contrats où il était partie, soit dans les actes de son autorité, de rappeler ou de réserver expressément le *droit* qu'il prétendait avoir de DISPOSER DES TERRES HER-MES, GASTES, BOIS ET FORÊTS : « *pour ce qui en reste,* est-il » dit dans le dénombrement du 26 mars 1681, *par* » *dessus ce qui est nécessaire pour la nourriture et* » *engraissement des bestiaux....*» Voir, notamment, l'ordonnance du duc de Lesdiguières, comte de Sault, du 20 avril 1668, — ce dénombrement du 26 mars 1681, — et le bail à ferme consenti au duc d'Anjou par le duc de Villeroy, pour *neuf années,* de tout le comté de Sault, le 24 novembre 1770, — où le bailleur se réserve très-expressément *le droit de donner à nouveau bail* ou emphytéose « LES TERRES GASTES, ET DE FAIRE AUTANT DE » DÉFRICHEMENTS dans lesdites TERRES QUE BON LUI SEM-

» BLERA , pour lesquels défrichements le preneur ne
» pourra prendre aucun droit....»

Le comte de Sault avait évidemment très-grand intérêt
à user de ce prétendu *droit de disposer des bois et terres
gastes ;* — le plus simple sens commun nous fait croire
qu'il en a usé en effet, et que s'il en était autrement, une
très-grande partie de l'ancien comté de Sault ne serait
aujourd'hui qu'une IMMENSE FORÊT, n'ayant pas d'autres
terres en culture que celles qui, en des temps plus ou
moins reculés et avant *l'inféodation* présumée faite au
comte de Sault ou à ses auteurs, étaient possédées privativement par les habitants des diverses communes de
la seigneurie ; de sorte que l'aspect des lieux dit assez
haut que le comte de Sault A DISPOSÉ, sinon en totalité,
du moins EN TRÈS-MAJEURE PARTIE, *des terres* et BOIS, dont
son droit *de directe et de haute justice,* ou soit *l'inféodation* originaire, — droit TOUT FÉODAL et nullement
FONCIER, jusqu'à preuve contraire, — lui permettait de
disposer.

II. — Il n'y a PAS UN des actes émanés de l'autorité du
seigneur, ou dans lesquels il a été partie contractante
ou souveraine, qui ne renferme LA PREUVE *qu'il a en effet
concédé des terres boisées,* — *qu'il y avait des* TERRES
BOISÉES *dans les concessions par lui faites.*

Ainsi, son ordonnance du 20 avril 1668, spéciale à la
communauté de Simiane, contient la défense formelle
« *de cueillir* AUCUN GLAND dans les terres ensemencées ; »
il y avait donc des CHÊNES dans les *terres ensemencées,*
ou *possédées par les particuliers* (l'un supposant l'autre),
et le seigneur, ayant une quote-part des grains et fruits

(à titre de *lasque*, *cense*, etc., etc.), était certainement intéressé à ce que les récoltes ne fussent point gâtées par le parcours de ceux qui seraient venus ramasser le *gland* ;.....

Ainsi, dans cette transaction ou *reconnaissance* de 1700, si souvent et si mal à propos invoquée par les ayants droit du seigneur, *relative aux bois et forêts de Simiane et de St-Christol,* en défendant de faire des *fugaux* (article 1er de cet acte), « ce qui consiste à » mettre le feu au pied des arbres pour les consumer en » cendre et s'en servir comme de fumier pour l'engrais » des terres *(ou pour faire de la soude),* sous peine » de........», on dit : «..... le cas de droit réservé contre » LES PROPRIÉTAIRES des endroits où les fugaux auront été » faits... » — il y avait donc des *endroits boisés* (puis-qu'on pouvait y faire des *fugaux)* compris dans les concessions prétendues faites par le seigneur, ou soit dans les *possessions privées,* — et tous autres que lui en étaient PROPRIÉTAIRES, c'est lui-même ici qui le confesse ; — de sorte qu'il est déjà bien faux de dire *que le seigneur était propriétaire de* TOUS *les bois* (1) ;

Ainsi, dans l'article 2e de ce même acte, où se trouvent fixées les époques où les habitants ou *possédants bien* (voir l'article 5e de cet acte) pourront faire des *fourneaux* ou *bourneaux* (pour faire cuire la terre dans

____

(1) Le mémoire de M. Béchard, en analysant les dispositions de cette transaction de 1700, et en parlant notamment (page 20) de la prohibition de faire des *fugaux,* se garde bien de rapporter ou seulement de mentionner le passage cité ici : « *le cas de droit réservé contre les propriétaires,* etc...» Ces quelques mots ont fui sous la plume du savant avocat ; c'est qu'en effet ils ne trouvent point place dans son système !!

leurs *possessions*, il est dit « que ces fourneaux seront
» faits en gardant la distance tout au moins de deux
» cannes de tout arbre ; » il y avait donc des *arbres et
bois* dans ces possessions ;

Ainsi, dans la transaction ou *reconnaissance* du 15
décembre 1695, entre le même comte de Sault et la
commune de Redortiers, il est expressément observé
« que le seigneur ne peut vendre, ni donner permission
» aux étrangers de couper les arbres qui se trouvent
» dans les possessions par lui ou ses auteurs données à
» nouveau bail (ou emphytéose) aux habitants.....; » il
y avait donc des *arbres et bois* dans les possessions ainsi
prétendues *concédées* ou *emphytéosées* par le seigneur
ou ses auteurs ! — L'emphytéose modifiait donc les droits
du seigneur sur les *bois et arbres* compris, radiqués
dans les fonds emphytéosés ; — ces *bois et arbres* étaient
soumis, tout comme ces fonds, au droit emphytéotique,
étaient, aussi bien que ces fonds, compris dans la prétendue concession emphytéotique originaire ;

Ainsi, dans le même acte du 15 décembre 1695
(article 7ᵉ), en réglant la manière d'abattre le gland des
chênes, et en portant diverses restrictions ou prohibitions, quant à ce, il est dit textuellement : « .... à la
» réserve des chênes étant aux prés et terres labourables,
» et CENSÉS DESDITS HABITANTS... ; » — il y avait donc des
CHÊNES dans ces *terres cultes et prés*, et, DE L'AVEU DU
SEIGNEUR LUI-MÊME, *ils étaient censés* APPARTENIR EXCLUSI-
VEMENT AUX possesseurs !..... Et, néanmoins, malgré cet
aveu formel, « ceux-ci ne pourront, suivant ce même
» article 7, vendre à personnes étrangères le gland de
» ces mêmes chênes, (qui étaient pourtant bien LEUR

» PROPRIÉTÉ, c'est le seigneur lui-même qui le confesse)
» SANS LA LICENCE OU PERMISSION du seigneur!...» tant il
est vrai qu'il y a BIEN LOIN d'une simple prohibition ou
défense à la réserve d'un DROIT de propriété !!!

Ainsi, enfin, tous les baux emphytéotiques, — les plus
anciens comme les plus modernes, — que l'on a pu
découvrir à travers les ruines du temps et des révolutions, et que l'on a produits dans cette foule de procès
suscités par les prétentions des ayants droit de l'ancien
seigneur, *contiennent des prohibitions et recommandations pour les bois et arbres radiqués dans les fonds
concédés* ou *emphytéosés ;* ce qui nous autorise déjà à
soutenir, avec les anciens auteurs tels que La Touloubre,
Loyseau, Salvaing de Boissieu, *loc. cit.*, que ces *bois et
arbres* se trouvaient, aussi bien que ces terrains, *compris dans la concession.*

III. — Citons rapidement quelques-uns de ces actes :

1° Le bail emphytéotique du domaine *de Chénerilles*
(terroir de St-Christol), du 3 décembre 1573, contient la
concession de 100 saumées de TERRES GASTES (OU BOISÉES,
c'est tout un); il y est dit que « ces terres avaient été
affermées pour neuf ans, mais qu'elles ont été ôtées au
fermier, pour malversation et abus par lui commis dans
les terres et BOIS d'icelles.... ; » il y avait donc des BOIS
dans les terres concédées ;

2° Celui des Carbonnel (même terroir), du 27
décembre 1584, concède 150 *saumées en semence*, et
recommande à l'emphytéote « *de bien et dûment* USER *du
» bois étant dans lesdits tènements....;* » — il y avait
donc des BOIS dans les tènements concédés, et l'emphy-

téote devait *bien et dûment* EN USER, en vertu, sans doute, du bail emphytéotique ; ces BOIS étaient donc, eux aussi, emphytéosés, compris dans l'emphytéose, tout comme *les tènements* où ils végétaient ;

3° Les 24 baux emphytéotiques, des 21 et 26 mai 1626, notaire Morard, à St-Saturnin, renferment la concession de 500 *charges de terres gastes*, à St-Christol, et contiennent TOUS cette clause : « ..... l'emphytéote sera » tenu de DÉFRICHER la dite terre gaste, couper les faulx » (hêtres) étant en icelles, et conserver les chènes qui » s'y trouvent....; » — il y avait donc des chènes et des hêtres dans les terres concédées ;

4° Par bail emphytéotique, du 16 novembre 1626, notaire Montaigne, à Grenoble, le comte de Sault *albergea*, remit à emphytéose, dans le terroir de Lagarde, 2000 *charges de terre, à prendre où les emphytéotes trouveront bon*, « .... pour, icelles terres, DÉFRICHER et » améliorer, et nullement détériorer, LA PROPRIÉTÉ et » seigneurie directe demeurant dues au dit seigneur;... » et ne pourront, les emphytéotes, après lesdites onze » années (pendant lesquelles le défrichement devait » avoir lieu) couper ou arracher les chènes de leurs » terres, mais seulement les ébrancher et couper à » demi......; » — encore une fois, il y avait donc des CHÈNES ET BOIS dans ces 2000 charges de terres concédées, et ils étaient compris, sauf réserve expresse, dans l'emphytéose tout comme le terrain où ils étaient radiqués ; mais nous ne voyons pareille réserve *nulle part*, au contraire, on règle ici la manière dont l'emphytéote pourra user de ces BOIS, ou plutôt des CHÈNES qui auront échappé (sans doute par hasard, ou faute d'avoir eu le temps de les couper et arracher) à la destruction occasionnée par un défrichement qui devait durer onze années ;

5° Le **22** décembre 1671, notaire Bovier, à Grenoble, le comte de Sault concéda *à emphytéose* 50 charges de terres aux terroirs de Simiane et de Redortiers, «... sans » que, y est-il dit, l'emphytéote, ni les siens, y puissent » faire couper aucun arbre que ce qui sera nécessaire » pour la construction d'un petit bâtiment......... étant, » néanmoins, permis au dit emphytéote DE FAIRE CLORE » douze charges de terres aux environs de ce bâtiment.»

Comment donc ! le seigneur n'aurait pas même compris dans la concession emphytéotique, aurait entendu se réserver les *chênes et bois* radiqués dans les dix charges que l'emphytéote pouvait CLORE *de toutes parts !* absurdité !! — Mais voici une autre preuve que le seigneur entendait concéder, comprendre dans l'emphytéose les *arbres et bois* dont il s'agit, non-seulement quant aux *dix charges* closes, mais encore quant aux quarante autres ; cet acte du 22 décembre 1671 est suivi d'une déclaration, en date du même jour, dans laquelle l'emphytéote (c'était le seigneur de Peyresc) promet « de faire cesser » les plaintes, si, à raison de la précédente concession de » cinquante charges, les sujets du comte de Sault, ceux de » Simiane et de Redortiers en élèvent quelqu'une..... ; » — il y avait donc des bois et chênes dans cette nouvelle concession, comme dans toutes les précédentes, comme DANS TOUTES celles, en grand nombre, dont nous avons vu les titres, — comme, en général, DANS TOUTES celles faites par l'ancien comte *de Sault* (de *Saltus,* forêt) ; et nous répétons que ce dernier entendait y comprendre aussi bien les *bois et arbres* que le terrain où ils étaient radiqués ; la preuve IRRÉSISTIBLE en est, non-seulement dans les principes et règles de la matière, mais encore et surtout dans *les recommandations* et *prohibitions* particulières que le seigneur stipulait à l'égard de ces *bois et arbres*, comme étant, ces derniers, soumis désormais à un droit particulier, spécial, celui de l'emphytéose, et sortant, quant à ce, du droit commun qui régissait les autres *bois* et *forêts*, dont il pouvait encore avoir la disposition, soit en suite du mode d'inféodation communément admis et pratiqué en pays *de droit écrit*, soit en vertu de titres particuliers de propriété. — A quoi bon, pour ne rappeler qu'un seul exemple, cette déclaration ci-dessus mentionnée, si, dans l'intention des contractants, le *bois* radiqué dans les terres concédées ne devait pas sortir de ce droit commun, ne devait point, désormais, être soumis à un autre droit, celui de l'emphytéose ? Et pourquoi les sujets du seigneur devaient-ils élever des *plaintes*, sinon pour les *bois* radiqués dans les terrains concédés, sur lesquels ces *sujets de Simiane ou de Redortiers* pouvaient avoir des droits à exercer ?

Nous bornerons là ces citations ou exemples de baux emphytéotiques, que nous pourrions multiplier, — tous relatifs à des concessions émanées de l'ancien comte de Sault.

IV. — En l'année 1731 (1), un grand nombre d'emphytéotes exposèrent au seigneur «.... *qu'ils avaient* » *leurs* terres COUVERTES PAR DES CHÊNES ET BALIVEAUX,

______

(1) L'original de cette pièce, à la date du 5 juin 1731, est au greffe du tribunal de première instance de Digne.

» qui naissaient et croissaient DANS LEURS POSSESSIONS, de
» manière qu'elles ne pouvaient plus être semées par la
» trop grande quantité qu'il y avait des dits arbres, et
» que cela était d'un grand préjudice.....» Sur ces plaintes et après enquête ou examen, le seigneur qui, en sa
qualité de *seigneur direct* et *haut justicier*, avait la
haute police de toutes les terres de sa seigneurie, — qui
était directement intéressé à en surveiller le mode d'exploitation, comme ayant une quote-part des fruits, — et
qui, pour les motifs plus haut exposés, avait notamment
le droit d'empêcher la *coupe et dégradation des bois
relevant de sa directe*, le seigneur, disons-nous, « auto-
» rise les habitants de Simiane et de St-Christol, PRO-
» PRIÉTAIRES DES DITES TERRES, de nettoyer les dits
» baliveaux et petits chênes, et leur donner du jour de
» douze pans à chacun, afin que les dites terres puissent
» se cultiver plus facilement..... »

Tels sont les termes formels de cette déclaration faite
par le seigneur, le 5 juin 1731, aux greffes de Simiane et
de St-Christol. — Il y avait donc des BOIS dans ces terres,
dont les emphytéotes sont ici reconnus PROPRIÉTAIRES par
le seigneur lui-même ; or, nous savons déjà que, propriétaires de ces terres, ils l'étaient et ils le sont encore tout
aussi bien des *bois et arbres* y radiqués.

Dira-t-on encore que le seigneur *ne disposa jamais
d'aucune surface boisée*, — qu'il ne bailla jamais que
des terres ?

V. — Il est si vrai que le comte de Sault a usé largement de ce prétendu droit, — droit ici purement FÉODAL
et nullement FONCIER, jusqu'à preuve contraire, — de

disposer des bois et forêts, par lui rappelé dans tous ses actes, qu'il provoqua même, en 1639, des réclamations énergiques de la part des communes : celle de St-Christol, notamment, fut, à cette époque, dans la nécessité de porter, devant le parlement de Provence, ses plaintes contre le seigneur. C'est ce qui résulte d'une transaction passée le 29 mars 1639, où il est fait l'exposé « DES GRANDS » DÉFRICHEMENTS OPÉRÉS OU CONCÉDÉS PAR LE SEIGNEUR, — » du grand préjudice que les habitants en éprouvaient, » et de la demande faite par la commune, devant le par- » lement, pour faire défendre au duc de Lesdiguières, » comte de Sault, de les continuer, et le faire condamner » à des dommages et intérêts...»

Est-ce clair ? Et revenant toujours à ces *défenses*, à ces *mesures de conservation*, relatives même aux bois radiqués dans les *possessions privées*, *closes ou non*, s'obstinera-t-on toujours à soutenir que ces *défenses* et *mesures* DÉMONTRENT que le comte de Sault a toujours entendu *se réserver les bois et forêts,* et ne jamais les comprendre dans les concessions emphytéotiques? — comme si, par cela seul que nous *défendons* à un fermier de *mesurer du bois*, de *dégrader le bois* qui se trouve radiqué dans les terres affermées, de *le couper sans notre permission*, nous entendons *nous réserver ce bois*, ne point le comprendre dans le bail, de sorte qu'il ne soit point soumis au droit du bail ; — comme si, lorsque nous défendons à un acheteur de *couper* ou de *dégrader*, tant qu'il n'a point payé son prix, *les bois* radiqués dans les terres à lui vendues, nous entendons *nous réserver la propriété de ces bois*, ne point les comprendre dans la vente.... Jetez, une fois de plus, les yeux sur cette reconnaissance ou transaction de 1700, dont vous vous êtes tant efforcés de dénaturer le sens et la portée véritables ; vous y verrez qu'après avoir déclaré, dans l'article 10, que les *bois et arbres* provenant des semis faits par les habitants *dans leurs possessions*, LEUR *appartiendront*, seront LEUR PROPRIÉTÉ, on stipule néanmoins, quelques lignes plus bas, dans l'article 11 : « *que les dits semis ne pourront être défrichés* » QUE DE L'EXPRESSE PERMISSION DU SEIGNEUR.....; » or, de la nécessité d'obtenir cette *permission* du comte de Sault, de cette *restriction* ou *défense* imposée par le seigneur, — des *procès-verbaux* et *poursuites* qui pouvaient être exercées pour coupes et dégradations qui auraient été faites dans ces semis, faut-il conclure que ce dernier entendait avoir LA PROPRIÉTÉ *des bois et arbres* provenant de ces mêmes semis, et contredire ainsi *immédiatement* ce qui est dit en l'article 10 précité?

En vérité, nous ne pouvons comprendre comment des esprits, d'ailleurs très-sérieux et fort distingués, ont soutenu le système contraire, celui qui consiste à dire que les *réserves, prohibitions, recommandations, règlements, poursuites, procès-verbaux, demandes en permission d'abattre*, etc., dont il s'agit au présent §, relatifs à la conservation des *bois et forêts*, DÉMONTRENT que le seigneur en était PROPRIÉTAIRE et n'a jamais entendu les comprendre dans les concessions emphytéotiques par lui consenties ! — Nous en croyons à peine nos yeux, lorsque nous voyons M. Béchard, en plusieurs endroits de son mémoire (voir, notamment, page 26) rapporter un grand nombre de procès-verbaux dressés, au nom du seigneur, contre divers particuliers « *qui coupaient des*

arbres, dit-il, sans sourciller, sans hésiter le moins du
» monde, — *dans* LEURS *fonds*, — *dans* LEURS *terres*, —
» *dans le* TÈNEMENT *de* LEURS *granges*, » et soutenir que
ces *arbres* étaient la PROPRIÉTÉ du seigneur, sans donner
un seul mot d'explication sur cette anomalie, sur cette
étrangeté d'un propriétaire qui aurait ainsi SON *bois*, SA
forêt vivant et croissant dans le fonds, — dans les terres, — *dans le tènement* D'AUTRUI ! — M. Béchard ayant
l'air de trouver ceci tellement simple et naturel, qu'il le
dit avec la naïveté d'un enfant, et sans prévoir même
l'ombre d'une objection ! — Encore une fois, on croit
rêver quand on lit de pareilles choses écrites par un tel
homme ! Mais où est donc, pour les ayants droit du seigneur, la preuve de ce genre de propriété, bizarre,
énorme, étrange ? où est-elle ? il nous la faut saisissante,
patente, évidente, — ou bien il nous est raisonnablement
et juridiquement impossible d'admettre un pareil droit
de propriété !! — Au lieu de cette preuve palpable, écra-
sante, on ne présente, à l'appui d'une semblable MONS-
TRUOSITÉ, qu'une interprétation forcée, vraiment *lamen-
table*, de pièces et documents tout-à-fait erronés et sans
aucune application possible au temps où nous vivons,
comme *dénombrements*, — *ordonnances* de Mgr le duc,
hommages, — *reconnaissances*, etc., etc., — de clauses
et défenses, relatives aux bois et forêts, insérées aux baux
emphytéotiques et autres actes plus ou moins féodaux !
A voir ainsi nos adversaires s'ériger, sans autres titres, en
maîtres souverains des *bois et forêts* contre les communes
et les particuliers, et poursuivre avec acharnement quiconque ose couper un arbre, *n'importe* en *quel endroit*
de SES *fonds*, on les croirait pris de la singulière manie de

se donner des allures féodales : — bizarre parodie d'un système qui n'est plus et ne peut plus être ! Oui, sans doute, si la féodalité existait encore, ils auraient le droit de faire dresser des procès-verbaux et d'exercer des poursuites contre quiconque couperait des bois et arbres dans l'étendue de leurs *seigneuries*, ou dans les terres relevant de leur *Directe ;* — oui, ils auraient le droit de faire des règlements et ordonnances pour la conservation des bois et forêts ; — oui, ils pourraient user soit de la confiscation, soit du pacte commissoire (PUREMENT FÉODAL en pays de droit écrit ou de *franc-alleu*) contre quiconque cesserait de cultiver SES fonds pour y laisser croître des arbres et bois, etc., etc. — Oui ! mais, ne l'oublions pas, la féodalité qui, SEULE, donnait vie et raison d'être à un pareil système, la féodalité se trouve, à cette heure, irrémissiblement abolie, AVEC TOUS LES EFFETS QU'ELLE AVAIT PU PRODUIRE ! et désormais, pour établir ou prouver la propriété, il faut produire non point des fagots de paperasses féodales, mais des titres formels d'acquisition ! (Voir pages 28 et 29 ci-dessus).

§ V. SI, COMME ON VIENT DE LE PROUVER, LA CONCESSION EMPHYTÉOTIQUE COMPRENAIT LES ARBRES ET BOIS, AUSSI BIEN QUE LES TERRAINS OÙ ILS ÉTAIENT RADIQUÉS, QUE FAUT-IL EN CONCLURE ?

Cela posé, nous disons : « quel qu'ait été originairement » le caractère du droit résultant de *l'emphytéose perpé-* » *tuelle,* ce droit a été converti, par la loi du 17 juillet

» 1795, EN UN DROIT ABSOLU DE PROPRIÉTÉ; » nous ajoutons :

« L'emphytéote est dispensé, aux termes de la même
» loi, du service des redevances promises, — pourvu, il
» est vrai, qu'il justifie de leur nature *féodale* ou
» *mixte*. »

La première partie de notre proposition est appuyée
sur une jurisprudence si unanime, si invariable, si précise, qu'elle nous dispense de toute démonstration. Voir,
notamment : arrêt de Cass. du 14 vent. an VII, Sirey, I,
I, 202 ; — Cass. 29 juin 1813, Sirey, 13, 1, 382 ; —
Cass. 19 vendém. an XII, Sirey, 4, 1, 54 ; — Cass. 19
février 1806, Sirey, 6, 2, 124, etc.; nous rapporterons
seulement un avis du Conseil d'État, du 7 mars 1808,
ainsi conçu :

« Les titres qualifiés *d'emphytéoses perpétuelles* aban-
» donnent ensemble la JOUISSANCE ET LA PROPRIÉTÉ ; ce qui
» n'est autre chose qu'une ALIÉNATION ABSOLUE qui fait
» reposer la PROPRIÉTÉ sur la tête de l'acquéreur à pareil
» titre ; à l'égard des redevances créées par des emphytéo-
» ses perpétuelles, elles doivent être considérées comme
» ABOLIES toutes les fois qu'elles sont recognitives de la
» *Directe féodale*. »

Voir aussi l'article 2 de la loi du 18 décembre 1790 ;
— le décret *d'ordre du jour*, du 2 prairial an II, — et
encore l'article 2 de la loi du 25 août 1792, précitée,
portant « que toute propriété foncière est réputée franche
» de tous droits, tant féodaux que censuels, si ceux qui
» les réclament ne prouvent le contraire....; » mais nos
adversaires ne réclament rien, que nous sachions, à
l'égard des anciennes redevances.

Dans son *Commentaire du louage*, page 212, M. Troplong, résumant les principes avec sa vigueur habituelle, dit : « un bail emphytéotique perpétuel serait désormais » UNE VÉRITABLE ALIÉNATION DE LA PROPRIÉTÉ ; le preneur » serait maitre de la chose ; — le bailleur n'aurait qu'une » créance sujette à remboursement. »

Nous pourrions citer encore un arrêt de la cour de Bastia, rapporté par Dalloz, 41, 2, 187, qui a jugé, dans les termes généraux, que « les anciennes emphytéoses » perpétuelles du domaine de l'État se sont converties, par » l'effet des lois nouvelles, EN VENTES PURES ET SIMPLES. »

Ainsi, dans l'ancien comté de Sault, la concession emphytéotique comprenait non-seulement le terrain, *mais encore* LES BOIS ET ARBRES y radiqués, et l'emphytéote se trouve aujourd'hui PROPRIÉTAIRE ABSOLU aussi bien de ces BOIS ET ARBRES que de ce terrain ; sauf, toutefois, sur ces mêmes *bois et arbres*, les droits d'usages communaux, s'il y en avait au moment de la concession, et s'ils y ont été conservés.

Nous contester cette conclusion, malgré les considérations qui précèdent, serait, ce nous semble, le *parti pris* DE NIER LA VÉRITÉ et de s'acharner aveuglément, follement contre L'ÉVIDENCE MÈME !

§ VI. QUE FAUT-IL PENSER DES JUGEMENTS ET ARRÈTS QUI ONT DÉCIDÉ LE CONTRAIRE DE CE QUI PRÉCÈDE ?

I. — Et maintenant, disons-le, nous sommes très-convaincu que ces considérations et démonstrations, pour-

tant bien simples, bien juridiques surtout, n'ont pas été
soumises aux magistrats de la cour de Nimes, lorsque,
dans la cause des seize particuliers de St-Christol, elle a
rendu ce déplorable arrêt du 21 août 1844, qui n'est, à
nos yeux et dans notre plus profonde conviction, qu'un
nouvel exemple de ces erreurs judiciaires énormes, étonn-
nantes, qui, tout en laissant intacte, irrépréhensible et
calme la conscience du juge, n'en sont pas moins de
nature à effrayer l'imagination, même dans la plus claire,
dans la plus juste des causes ! — Il nous paraît hors de
doute que la Cour n'aurait point admis « que la simple
» recommandation faite par le seigneur (comte de Sault)
» de BIEN ET DUMENT USER du bois étant dans les tènements
» emphytéosés, DÉMONTRE que le seigneur S'EN RÉSERVAIT
» LA PROPRIÉTÉ ; — ce qui est, dit encore l'arrêt, confirmé
» par les transactions, règlements et actes postérieurs, où
» il est dit (1), en parlant des concessions déjà faites,
» quelles ont eu pour objet des terres défrichées ou A
» DÉFRICHER, et où l'on voit le seigneur parler et disposer
» des bois et forêts du territoire comme en étant le véri-
» table propriétaire.... » — Notons ici qu'il y a pourtant
plus d'un demi-siècle que l'emphytéote ou albergataire
peut, sans encourir la confiscation ou la *commise* féodale,
laisser en friche le fonds emphytéosé ou albergé, et y
laisser croître des bois, s'il le juge à propos. Que la Cour
daigne nous dire A QUI APPARTIENNENT CES BOIS AINSI VE-
NUS ? (Voir, d'ailleurs, La Touloubre, *Jurisp. féod.* tom.
II, tit. 18, § 20).

(1) Nous n'avons vu ce que dit ici la Cour dans AUCUNS *règlements,
transactions ou actes postérieurs......*

Non, en présence d'une démonstration DÉCISIVE, PÉ-
REMPTOIRE, le tribunal de Forcalquier, — qu'on nous
permette encore cette citation, — n'aurait point formulé
non plus, dans son jugement du 21 juillet 1840, l'étonnante interprétation que voici : à savoir « que l'ancien
» seigneur n'a jamais entendu concéder autre chose que
» DES TERRES et nullement des ARBRES ET BOIS ; de sorte
» que les concessionnaires sont bien aujourd'hui *proprié-
» taires de ces terres*, mais non point des *arbres et bois*
» y radiqués *(et quelquefois multipliés de manière à
former une épaisse forêt!)* — « Attendu, dit ce juge-
» ment, qu'en admettant que les parties de Mᵉ Leydet
» ont été originairement investies, en vertu des baux
» emphytéotiques produits au procès, il faut reconnaître
» que les bois qui existaient sur les terrains concédés
» N'ONT POINT ÉTÉ COMPRIS DANS LA CONCESSION, puisque tous
» les baux où il est parlé de bois défendent à l'emphytéote
» de couper ces bois ; ce qui indique SUFFISAMMENT que
» l'emphytéote devenait seulement propriétaire des por-
» tions de terrain susceptibles d'être cultivées ; qu'il
» serait IMPOSSIBLE, sans cela, de concevoir le but et la
» portée d'une pareille prohibition.. ..»

C'est précisément *le but et la portée de la prohibition*
dont il s'agit que nous avons essayé d'expliquer ci-dessus. Encouragé et soutenu par l'approbation de plusieurs
éminents jurisconsultes auxquels nous avons soumis ces
quelques explications (voir ci-après pages   et   ),
nous croyons y avoir réussi JUSQU'A L'ÉVIDENCE, sans avoir
besoin d'admettre, pour ce bois, pour cette forêt, — contre le droit commun, contre le sens commun le plus
universel, — deux conditions, deux droits distincts : l'un

pour le terrain et l'autre pour les bois et arbres y radiqués !

Oh ! pour admettre une pareille doctrine, une semblable anomalie, il nous faudrait trouver dans les actes
et documents sur lesquels on veut la fonder, des termes
bien exprès, bien précis !!! Il faudrait que le comte de
Sault eût dit, par exemple : « je vous concède *telle* éten-
» due de terrain, mais je me réserve, je ne vous concède
» point les *bois et arbres*, PRÉSENTS ET A VENIR, *y radi-*
» *qués ;....* » — il faudrait, tout au moins, qu'il se fût
expliqué, dans ces baux emphytéotiques PERPÉTUELS,
comme il l'a fait dans le bail de NEUF ANNÉES, passé par lui,
en 1770, au sieur Danjou, et qu'il se fût réservé, vis-à-
vis, des emphytéotes, comme vis-à-vis du preneur
Danjou, « d'user des bois et forêts dépendant des terres
» baillées, ainsi qu'il avisera *bon être,* — de faire autant
» de défrichements dans les dites terres que bon lui sem-
» blera, — pour lesquels défrichements le preneur ne
» pourra prendre aucun droit..... » (Voir ce bail fait à
Danjou).

Eh quoi ! dans un simple bail, dans un acte dont la
durée devait être si courte (NEUF ANS), le seigneur, pour
se réserver ses prétendus *bois et forêts* et ne point les
comprendre dans le bail, parle et s'explique si clairement,
tandis que, dans UNE MULTITUDE d'autres actes DE PERPÉ-
TUELLE DURÉE, dans les baux emphytéotiques PERPÉTUELS,
il n'aurait TOUJOURS exprimé la même réserve que d'une
façon si douteuse, ou du moins si éloignée du sens que
ces décisions judiciaires veulent donner aux *clauses,*
prohibitions et *défenses* dont il s'agit ! — Qu'on se sou-
vienne, d'ailleurs, que nous sommes en droit d'exiger

du comte de Sault cette clarté, cette précision de langage ; car il faisait la loi, il était STIPULANT dans ces sortes d'actes (voir, sur ce point, les principes de l'ancien et du nouveau droit, Ulp. l. 38, § 18, et Cels. l. 99, ff. *De verb. oblig.* — et les articles 1162 et 1602 Code Nap.).

II. — Cela posé, et c'est, pour peu qu'on y réfléchisse de bonne foi, INCONTESTABLE, il nous en coûte peu d'admettre, pour un instant, avec les décisions judiciaires dont il s'agit, la *propriété foncière originaire* sur la tête du seigneur, car nous serons toujours fondé à faire le raisonnement que voici :

« Le seigneur avait le droit de faire des concessions emphytéotiques, — et il avait, de plus, *très-grand intérêt, intérêt évident,* à user de ce droit ; — il est démontré qu'il en a usé en effet largement, au point de provoquer quelquefois des réclamations de la part de certaines communes (voir ci-dessus, page 78); — il est même certain, — toujours en admettant cette *propriété originaire* sur la tête du seigneur, — que ce dernier aurait usé de ce droit pour la GRANDE GÉNÉRALITÉ des terres de la seigneurie, car ces terres sont *généralement* en état de culture, au lieu d'être *généralement,* pour ne point dire *presque totalement* couvertes de *bois,* comme elles le seraient, sans aucun doute, si elles étaient restées toujours dans la main du seigneur ; car ces terres, avec *les arbres et bois y radiqués* (nous venons de voir qu'il n'y a pas deux conditions, deux droits distincts, l'un pour les *terres,* l'autre pour les *arbres et bois),* sont possédées par une foule de particuliers, — sont portées au nom de ceux-ci sur les cadastres les plus anciens, — sont transmises de

mains en mains, souvent depuis plus d'un siècle et par une série d'actes de mutations qui, *tous,* sont d'accord pour la *contenance* et les *confronts* avec les énonciations cadastrales, et qui, *tous,* jusqu'à l'abolition du *régime féodal,* énoncent que ces terres relèvent de la *Directe* du seigneur, sont soumis à des *censes, tasques* ou autres semblables redevances ; toutes énonciations qui *doivent faire présumer* (toujours dans l'hypothèse *tout à fait gratuite* de la propriété primitive sur la tête du seigneur), *l'emphytéose originaire des fonds et terres* dont il s'agit, aussi bien que des *bois et arbres* y radiqués, conformément d'ailleurs à l'article 2 du tit. 3 des *lettres patentes* du roi, du 28 mars 1790, sur le décret de l'Assemblée nationale, du 24 du même mois. Cet article 2 est ainsi conçu : « sont présumés être le prix et la
» condition d'une concession (primitive ou originaire)
» du fonds, SAUF LA PREUVE CONTRAIRE :... 1° toutes les
» redevances seigneuriales annuelles, sous la dénomina-
» tion de CENSES, CENSIVES, TASQUES..... »

« Or, si, toujours dans la même hypothèse, la concession emphytéotique constituait, dans l'ancien comté de Sault, la condition ordinaire, générale des biens fonds ; — si, comme nous croyons l'avoir prouvé, elle comprenait non-seulement les terres, mais encore les *arbres et bois* y radiqués ; — et si enfin, suivant une démonstration qui nous paraît IRRÉFUTABLE, les concessionnaires se trouvent aujourd'hui PROPRIÉTAIRES aussi bien de ces *arbres et bois* que de ces *terres,* est-il possible d'admettre, avec les jugements et arrêts dont il s'agit, que les ayants droit de l'ancien seigneur doivent, ainsi qu'ils le prétendent, *être présumés propriétaires des bois et forêts radiqués dans les fonds possédés par nous,* ou soit, *dans les possessions privées ?....*

» Ne pouvant plus se prévaloir de ces fameuses *prohibitions* et *défenses,* relatives aux *bois* et *forêts,* insérées soit dans les baux emphytéotiques, soit dans les divers actes de l'autorité du seigneur, sur quoi donc baseraient-ils cette prétention exhorbitante ?

» Quoi de plus clair, quoi de plus rationnel, quoi de plus juridique ? Dès l'instant que nous avons effacé cette distinction singulière qu'ils voudraient établir ENTRE *les terres de la seigneurie* ET *les bois et arbres* qui croissent dans ces terres ; — dès l'instant qu'il est établi invinciblement que la concession emphytéotique comprenait aussi bien *les arbres et bois* que les terrains où ils étaient radiqués ; — dès l'instant que, sans qu'il soit le moins du monde nécessaire d'admettre cette étrangeté, « deux conditions, *deux droits distincts,* — l'un pour LA TERRE et l'autre pour LE BOIS qu'elle porte, » nous avons expliqué, d'une manière complète, ÉVIDENTE, en regard de la doctrine et des titres, ces *défenses* et ces *prohibitions* ou *recommandations,* stipulées soit dans les transactions ou reconnaissances, soit dans cette multitude de concessions emphytéotiques ou *à nouveau bail,* consentis par l'ancien seigneur, — ces règlements, — ces ordonnances, — ces mesures de conservation, — ces procès-verbaux, — ces poursuites, — ces demandes en *permission d'abattre,* formulées même par celui qui voulait couper dans *ses propres fonds,* clos ou non clos (1), — dès le moment,

(1) Disons-le une fois pour toutes : on conçoit bien aisément que, ne pouvant concéder à emphytéose que *sauf les droits des habitants* (là où

disons-nous, que tout cela se trouve expliqué d'une
manière incontestable, d'une manière complétement sa-
tisfaisante pour le droit et pour la raison, — il n'est plus
possible de venir nous dire, avec ces décisions judiciaires, que le seigneur, ou son ayant droit, DOIT ÊTRE PRÉSUMÉ
PROPRIÉTAIRE *des bois et forêts radiqués dans les possessions privées ;* — pourquoi le serait-il? d'où pourrait lui
venir, dès lors, le bénéfice d'une pareille présomption ?

III. — Il n'est que trop vrai que ces jugements et
arrêts ont accepté comme *règles de droit,* et, en quelque
sorte, comme *motifs déterminants* de décision, les principes et doctrines d'un petit nombre d'auteurs, qui, tels
que La Touloubre, *Jurisp. féod.* liv. II, tit. XVIII, ont
prétendu « qu'en Provence, les terres gastes ou incultes,
ET LES BOIS qui y sont radiqués SONT PRÉSUMÉS appartenir
» au seigneur justicier qui a la Directe universelle dans
» un terroir circonscrit et limité. » Mais voyons quel
pouvait être le fondement de cette opinion.

« *Cette règle,* ajoute le même M. de La Touloubre,
» *loc. cit.,* QUI A SOUFFERT AUTREFOIS DES CONTRADICTIONS,
» *est aujourd'hui* GÉNÉRALEMENT ADOPTÉE EN PROVENCE... »
Cet auteur nous permettra de ne point le croire ici sur
parole, lorsque nous le voyons citer, à l'appui de son

ces droits existaient), le seigneur pût encore, malgré l'emphytéose, donner à ces habitants *des permissions d'abattre,* pour l'exercice de ces droits.
— On conçoit très-bien encore que cette demande en *permission d'abattre*
fût exigée DU POSSESSEUR LUI-MÊME du fonds où les arbres à couper se trouvaient radiqués, A CAUSE DE L'INTÉRÊT qu'AVAIT LE SEIGNEUR, comme on l'a
démontré plus haut, D'EMPÊCHER LA COUPE ET LA DÉGRADATION DES BOIS ET
ARBRES RADIQUÉS DANS LES FONDS EMPHYTÉOSÉS, payant censes ou autres
droits.

assertion, un passage de Salvaing de Boissieu, qui dit PRÉCISÉMENT LE CONTRAIRE. « IL EST CERTAIN, dit ce dernier » auteur, ch. 96, pag. 480, QU'EN NULLE PROVINCE du » royaume, le seigneur, s'il n'a titre ou possession, n'a » point d'avantage sur les communautés, soit dans les » forêts et bois communs, soit dans les lieux destinés au » pâturage pour le bétail des habitants de la terre ; J'EN » EXCEPTE SEULEMENT LA BOURGOGNE ET LA PROVENCE..... » Dans ces deux dernières provinces, le seigneur a, quant à ce, quelque *avantage* sur les communautés ; faisons ce que M. de La Touloubre aurait dû faire et n'a point fait, *complétons la citation*, et nous verrons clairement en quoi consiste CET AVANTAGE, et nous verrons si Salvaing de Boissieu a voulu dire, comme l'affirme M. de La Touloubre, *loc. cit.*, que, dans ces deux provinces, LES BOIS ET TERRES GASTES SONT PRÉSUMÉS APPARTENIR AU SEIGNEUR. «...... Car, en Bourgogne....., et à l'égard de la Pro- » vence, — continue Salvaing, — il est à remarquer » que les droits d'usage y sont prédiaux et réglés abso- » lument *pro modo jugerum et possessionum* de chaque » particulier ; en conséquence de quoi, le seigneur peut » envoyer du bétail dans les bois et patis communs » autant que les deux habitants plus haut en estime et » allivrement dans le cadastre (1) ou registre des biens » taillables de la communauté peuvent faire.... »

Le témoignage de Mourges, également invoqué ici par La Touloubre, n'est pas mieux choisi, car il ne dit pas autre chose que Salvaing de Boissieu, à savoir que « tout

---

(1) Le *cadastre*, soit dit ici en passant, était donc de quelque valeur, pouvait donc *faire foi même vis-à-vis du seigneur.* Voir pages

» l'avantage que le seigneur pouvait avoir, en Provence,
» sur les communautés, quant aux BOIS et TERRES GASTES,
» consiste à pouvoir y verser du BÉTAIL AUTANT QUE LES
» DEUX HABITANTS PLUS HAUT EN ESTIME DANS LE CADASTRE
» PEUVENT FAIRE; » ce qui ne signifie *point du tout* que,
comme le prétend M. de La Touloubre, le *seigneur direct
et haut justicier doit être présumé propriétaire des bois
et terres gastes de la seigneurie !*

Cette prétendue *règle de droit* n'est donc qu'une opinion personnelle de cet auteur, — une assertion *démentie* précisément par les témoins qu'il invoque, — une *opinion fausse*, que rien ne justifie, qui est, au contraire, combattue et repoussée par tous les principes admis, en pays de *droit écrit* ou de *franc-alleu*, par les autorités les plus nombreuses et les plus imposantes (voir ci-dessus, pag. 14, 15, 16 et 17), opinion erronée qui ne méritait point de servir de base, le moins du monde, à aucune décision judiciaire. «.., Attendu, dit l'arrêt de la Cour de
» cass., cité page 31, que l'État n'a point justifié PAR DES
» TITRES ses prétentions contre la commune ; qu'il n'a
» point prouvé davantage que la loi autrefois en vigueur
» en Provence attribuât, en termes exprès aux seigneurs,
» que l'État représente aujonrd'hui, la propriété des bois
» et terres gastes ; — qu'il ne cite, à l'appui de cette
» prétention, que DES OPINIONS DES COMMENTATEURS ou des
» usages locaux, QUI NE SONT FONDÉS SUR AUCUN TEXTE PRÉ-
» CIS DE LOI....» Nous venons de voir sur quoi M. de La Touloubre fonde son opinion.

« *Tous les effets*, dit l'article 1er de la loi du 25 août
« 1792, qui peuvent avoir été produits par la maxime :
» NULLE TERRE SANS SEIGNEUR, coutumes et règles, soit

» générales, soit particulières, qui tiennent à la féodalité,
» DEMEURENT NON ADVENUS....»

Impossible donc d'alléguer une *pareille présomption de propriété* en faveur du seigneur ! Elle ne dérive ni d'un *titre primordial,* que nous ne voyons nulle part dans les dossiers des ayants droit de l'ancien seigneur (voir ci-dessus), ni encore moins de quelque *loi* ou *coutume,* admise soit en Provence, soit en Dauphiné ; c'est incontestable !

IV. — Nous avons admis pourtant, d'une manière toute hypothétique et purement gratuite, l'existence de ce titre de propriété originaire sur la tête du seigneur ; admettons encore, de la même manière, la fameuse règle de droit de M. de La Touloubre, — qu'en résulte-t-il, en présence d'une saine et véritable interprétation du *bail emphytéotique ?* — rien ou presque rien de favorable aux prétentions de nos adversaires.

En effet, pour qu'un pareil titre, pour qu'une pareille règle, — A SUPPOSER QUE L'UN ET L'AUTRE EXISTENT, — pussent servir de fondement à la présomption, si énorme, prétendue par eux, admise par les jugements et arrêts dont nous parlons, — il faudrait qu'il fût vrai de dire, — *d'une part,* que la concession emphytéotique n'était point devenue, au moment de l'abolition du *régime féodal* (toujours en raisonnant dans la même hypothèse, et en laissant de côté, en tenant pour non-existant les principes du *franc-alleu*), LA CONDITION GÉNÉRALE, UNIVERSELLE, des biens fonds, alors comme aujourd'hui possédés par les habitants du comté, — et, *d'autre part,* que la concession emphytéotique ne comprenait point, dans ce pays notamment, tout à la fois le terrain et les *arbres et bois y radiqués.* Or, c'est précisément le contraire qui est vrai et qui a été démontré ; — de sorte que ce *titre de propriété primordiale, universelle,* et cette prétendue *règle de droit* provençal, — si tant est qu'ils aient existé, — ne seraient plus, dans leurs effets et mis en présence de la concession emphytéotique, *devenue la condition ordinaire, commune de tous les biens fonds,* que ce que L'EXCEPTION est à la RÈGLE GÉNÉRALE ; c'est-à-dire que ce titre et cette règle de droit seraient, à cette heure, alors surtout que le *régime féodal* est aboli, tout à fait impuissants à fonder, en faveur de l'ancien seigneur, *une présomption quelconque de propriété sur les bois radiqués dans les fonds privés,* — LA RÈGLE GÉNÉRALE pouvant, devant, bien mieux que L'EXCEPTION, en bonne logique, EN DROIT, baser, autoriser *une présomption.* On sait d'ailleurs (et c'est la force des choses qui le veut), qu'il est incontestable, en principe, que LA RÈGLE GÉNÉRALE s'amoindrit au fur et à mesure DES EXCEPTIONS qui y sont apportées, de telle sorte que celles-ci constituent enfin cette règle elle-même et prennent sa place...

Mais c'est perdre son temps que de s'occuper de cette prétendue *règle de droit* de M. de La Touloubre, relative à la Provence, règle qui n'a jamais existé, en tout cas, que comme une erreur de droit, opinion erronée de quelques légistes, véritable niaiserie, moins que rien, surtout sous l'empire des lois nouvelles. — Ne disons plus que deux mots encore de quelques actes, que nos contradicteurs qualifient de *titres primordiaux,* et ont le courage de nous opposer comme tels.

V. — Tous ces actes, nous l'avons déjà observé, ne concernent que des communautés ou agrégations d'habitants DÉJA EXISTANTES au moment où ils ont été passés ; de sorte que, à ce moment, ces habitants, en général ou en particulier, avaient déjà des droits établis ou préexistants, et qu'il n'est pas possible d'affirmer, au moyen de ces titres, que le seigneur comte de Sault s'est trouvé, un seul instant, *propriétaire foncier de l'universalité, de la totalité des terres* de *telle* commune ou localité !
— Quelle partie de ces terres, lors de ces actes, se trouvait disponible entre les mains du seigneur, qui vendait ou qui inféodait, et quelle partie était déjà alors possédée par d'autres que lui, — soit en *franc-alleu*, soit par suite de concessions plus ou moins anciennes ? — C'est ce que nul ne pourra préciser avec les seuls documents qui existent, — et c'est ce que NUL AUTRE que les ayants droit du seigneur, qui viennent se dire PROPRIÉTAIRES de *ceci* ou de *cela*, n'est dans la nécessité rigoureuse de préciser ; car il suffit, pour tenir ce raisonnement, *qu'il ne soit point sérieusement contestable* qu'il y avait déjà, au moment de ces actes, *d'une part,* des terres déjà possédées par les habitants, soit en *franc-alleu*, soit en suite de primitives concessions, — et, *d'autre part,* des terres qui étaient réellement, — soit à titre de simple protection ou de souveraineté, soit à titre de propriété purement *féodale,* — dans la main du seigneur inféodant ou aliénant ; ces actes eux-mêmes, si on en doutait, mettraient en relief cette ligne de démarcation, car, DANS TOUS, on transmet notamment *la majeure et directe seigneurie,* — des *droits de censes, tasques, champarts,* — toutes choses qui supposent nécessairement des pos-

sessions déjà existantes, soit en *franc-alleu*, soit en suite de concessions plus ou moins anciennes ; — car, dans presque tous ces vieux écrits où le seigneur est partie contractante ou souveraine, on fait mention expresse des *possessions privées*, — des *propriétaires* de telles terres, etc...

Cela posé, — et c'est INCONTESTABLE, — voici donc une autre question qui nécessite une réponse : DANS QUELLE PARTIE DE CES MÊMES TERRES FAUT-IL PLACER LES FONDS, PLUS OU MOINS BOISÉS, AUJOURD'HUI LITIGIEUX, AUJOURD'HUI PRÉTENDUS PAR LES AYANTS DROIT DU SEIGNEUR ?

Conformément aux principes anciens et nouveaux, au moins en pays de *droit écrit* ou de *franc-alleu,* comme le Dauphiné et la Provence, c'est aux ayants droit du seigneur, qui élèvent des prétentions sur ces terres, à résoudre cette accablante question, — à prouver que les fonds litigieux n'étaient point déjà, lors des actes dont il s'agit, possédés par les habitants.

Mais les jugements et arrêts dont se prévalent les adversaires ne se sont arrêtés à aucune semblable considération !

VI. — En résumé, soit que l'on explique la *directe,* la *cense, tasque,* et autres semblables droits auxquels étaient soumis jadis les fonds actuellement litigieux, en admettant L'EMPHYTÉOSE ORIGINAIRE, et même le TITRE PRIMORDIAL de propriété sur la tête du seigneur, soit que l'on reconnaisse que, *surtout en Dauphiné,* et en général *en pays de droit écrit,* cette DIRECTE et les *droits en dérivant* provenaient de ce que les possesseurs, pour S'ASSURER PROTECTION *(præsidii causâ),* avaient fini par *soumettre*

aux droits des seigneurs ces mêmes fonds, — ces pos-sesseurs, dans l'une comme dans l'autre de ces deux hypothèses, en seraient aujourd'hui VÉRITABLES PROPRIÉ-TAIRES ou *présumés tels,* sauf la preuve du contraire ; — en d'autres termes, de deux choses l'une : ou bien ces fonds *(boisés ou non)* que nous détenons, *jadis sujets* à *directe, censes, tasques* et autres semblables droits, nous ont été originairement concédés, et alors qui s'étonnera que nous nous en prétendions PROPRIÉTAIRES INCOMMUTA-BLES (voir ci-dessus) ? — ou bien, ces mêmes fonds ne nous ont pas été concédés, ne nous sont point venus de la main du seigneur, — qui ne représente d'ailleurs AUCUN TITRE PRIMORDIAL le constituant propriétaire origi-naire de l'universalité du territoire, et alors *(en pays de droit écrit)* ils étaient DE FRANC-ALLEU, et alors c'est au seigneur, plus que jamais, à prouver qu'ils sont devenus sa propriété, à détruire la présomption puissante qui nous en répute propriétaires.

Une fois la concesssion emphytéotique (à *nouveau bail,* ou en *albergements)*, sainement, raisonnablement, juridiquement expliquée, — une fois bien établi qu'elle comprenait tout aussi bien les *bois et arbres* que le ter-rain où ils étaient radiqués, on est donc forcé de convenir que les jugements et arrêts dont se prévalent nos adver-saires sont erronés de tous points, — même en admet-tant la chose du monde la moins prouvée dans ce pays de *droit écrit* ou de *franc-alleu, que le seigneur ait été originairement propriétaire de l'universalité du terri-toire ;* or, de toutes les erreurs de droit qu'ils contien-nent, la plus saillante, la plus inattendue, la plus incom-préhensible, la plus insoutenable, est précisément celle qui consiste à dire que *la concession emphytéotique ne comprenait que le terrain et nullement les bois et arbres y radiqués ! (1).*

A combien plus forte raison ces décisions judiciaires doivent-elles être considérées comme erronées et contraires à la vérité juridique, lorsqu'on sait qu'il n'y a ici, pour l'ancien seigneur, ni TITRE PRIMORDIAL *de propriété foncière universelle,* — ni loi, — ni coutume *qui* le remplace, quoi qu'en dise La Touloubre, — et surtout en présence des nouveaux principes (voir l'arrêt de Cas. si précis, si formel, qui vient d'être rapporté plus haut, page 31) !!

(1) Aussi, dans les actes des 18 avril et 9 mai 1856, mentionnés ci-dessus (page 56), MM. Roux et Gavot n'ont-ils pas hésité à reconnaître, contrairement à la doctrine des jugements et arrêts dont il s'agit ici, que la concession emphytéotique transférait la propriété *non-seulement du terrain, mais encore des bois et arbres y radiqués !* L'erreur de ces décisions judiciaires est si évidente, qu'elle est reconnue par ceux-là même dont elle est l'unique appui !!

TROISIÈME PARTIE.

━━◦◦◦◦━━

QUESTIONS ACCESSOIRES OU SUBSIDIAIRES :

LA PRESCRIPTION EST-ELLE OPPOSABLE ? — ET L'INTERVERSION
DE TITRE ? —
QUELLE ÉTAIT CETTE MESURE AGRAIRE LA *CHARGE EN SEMENCE?*
— VILITÉ DES PRIX DE VENTE. — CADASTRES.

I. — Nous l'avons déjà dit, pages 57 et 58 ci-dessus ;
le seigneur n'ayant ni TITRE PRIMORDIAL, ni TITRES DE PRO-
PRIÉTÉ capables de le constituer PROPRIÉTAIRE FONCIER
UNIVERSEL d'un territoire quelconque, limité ou non, —
capable surtout D'IMPOSER à une généralité d'habitants LA
QUALITÉ D'USAGERS dans l'universalité DES BOIS ET FORÊTS du
lieu, — il est bien certain qu'il faut répondre affirmativement à la première des questions posées ci-desus ; il est
hors de doute que l'exception *de prescription* peut, au
besoin, être opposée. — Elle sera opposable surtout pour
les *bois et arbres épars et radiqués dans des terrains*

cultivés de temps immémorial; ce qui est reconnu par La Touloubre lui-même, tom. II, tit. XVIII, § III; elle le sera, à bien plus forte raison, si ces terrains, ainsi cultivés de temps immémorial et complantés *de bois et arbres épars,* sont situés au terroir de Redortiers, où le seigneur lui-même a reconnu formellement (art. 7 de la reconnaissance ou transaction du 15 décembre 1693) que « *les chênes* » *qui sont aux prés et terres labourables sont censés des* » *habitants,* » leur appartenir exclusivement ! — ce qui, quant à ces *arbres et bois épars,* doit être admis, même en supposant l'existence de ce TITRE PRIMORDIAL *de propriété foncière universelle,* sur la tête du seigneur : la doctrine de l'arrêt de Nîmes, du 21 août 1844, sur ce point, ne pouvant faire autorité et ne devant être, à coup sûr, considérée que comme une erreur énorme, étonnante, portant atteinte à l'un des principes du droit les plus respectables, celui qui se résume ainsi : « *fraus non præsumitur.* »

Il est bien certain aussi que l'existence, supposée, de ce TITRE PRIMORDIAL ne serait point exclusive de la prescription de dix et vingt ans, avec *juste titre et bonne foi;* — et notons que cette BONNE FOI devra être présumée et admise, au cas, notamment, où l'acquéreur serait ÉTRANGER à la commune SUPPOSÉE *usagère* en vertu *d'un titre primordial* de propriété en faveur du seigneur; — mais rappelons ici très-brièvement quelques principes en matière de *prescription à l'effet d'acquérir.*

« Le but de la prescription de dix et vingt ans, fondée sur *juste titre* et *bonne foi,* est de consolider les acquisitions d'immeubles et de les maintenir franches et libres entre les mains des tiers détenteurs. » Troplong, *de la prescript.* tom. II. § 85.

Le *juste titre* est celui qui, par sa nature, est translatif de propriété, à titre gratuit ou onéreux : *vente, donation, legs particulier, transaction*;.. il doit être, bien entendu, exempt de fraude, de dol, de vices de forme et *d'erreurs de droit*. — *L'erreur de fait* est toujours excusable ; ainsi, Jacques achète de Pierre, qu'il a juste sujet de croire propriétaire, *tel* immeuble ; on peut dire de lui : *erravit in facto in quo prudentissimi falluntur* ; il prescrira sans difficulté. Troplong, ibid., §§ 914 et suiv. — Voët, *Ad pand.* liv. 41, tom. III, n° 4 ; — Pothier, *Pand.* tom. III, pag. 147, n° 64.....

La *bonne foi* doit réunir trois conditions : 1° ignorer qu'un autre que celui qui vous transmet la chose en est propriétaire ; — 2° être convaincu que celui qui vous la transmet avait le droit et la capacité de l'aliéner ; — 3° la recevoir par un contrat pur de fraude. Troplong, ibid. tom. II, §§ 873, 877, 878, 882 et 915.

La *bonne foi* est toujours présumée ; c'est à celui qui allègue la mauvaise foi à la prouver. C'est le dispositif formel de l'article 2268 du Cod. Nap., d'accord ici avec toutes les législations connues. Cette preuve peut être faite tant par titres que par témoins. Vazeilles, tom. II, n° 495, page 41.

D'accord avec les lois romaines, le Cod. Nap. ne demande la *bonne foi* qu'à l'origine (article 2269). « *Si* » *defunctus bonâ fide emerit, usucapietur res, quamvis* » *hæres scit alienam esse.* » Leg. II, § 19, D. *pro empt.*

On est toujours présumé posséder pour soi, si le contraire n'est prouvé (art. 2230 Cod. Nap.). Dans l'espèce, cette preuve ne pourra résulter que *de la représentation* DU TITRE PRIMORDIAL, qui, SEUL, permettrait d'appliquer la

règle « *à primordio tituli posterior formatur eventus.* »
En effet, une fois ce TITRE représenté, c'est par lui qu'il
faut régler la cause et le principe de la possession, et tant
que le possesseur ne prouve pas UNE INTERVERSION LÉGALE,
ce titre primordial reste la loi invincible qui sert à qua-
lifier la possession.

II. — L'article 2238 distingue expressément DEUX
modes d'*interversion*, indépendants l'un de l'autre :
1° la concession d'un titre translatif de propriété *par le
fait d'un tiers* (1) ; — et 2° la contradiction opposée par
le possesseur aux droits du propriétaire. — Troplong,
ibid., §§ 510 et 522. — Dalloz, *Prescrip.*, page 256,
n° 11.

« Mais il y a, dit encore M. Troplong (ibid. § 515),
une autre espèce d'interversion légitime ; ce n'est pas
celle qui s'opère dans la personne même du détenteur
précaire continuant à jouir de la chose, c'est celle qui a
lieu lorsque le détenteur précaire aliène cette chose, la
fait passer en d'autres mains, et constitue au profit d'un
tiers un droit de propriété qu'il n'avait pas lui-même.
Voir : Leg. 35, § 4, D. *de usucap.* ; — Henrys, tom. II,
page 904, liv. IV, quest. 19 ; — Dunod, pag. 35 ; —
arrêt de Cass. du 12 janvier 1852, rapporté par Dalloz,
52, 1, 82... La vente de la chose d'autrui peut se cou-
vrir par la prescription. — L'article 2239 du Cod.
Nap. n'est que l'application de cette règle. »

---

(1) C'est à tort que certains auteurs, tels que Bruneman (*sur la loi 5
au code, De acq. poss.*), exigent que le titre *concédé par le tiers* soit toujours soutenu de contradiction ; cette exigence est inconciliable avec les
termes de la loi.

L'éminent jurisconsulte auquel nous empruntons ce qui précède, signale ici la grande différence qui existe entre les successeurs *à titre universel*, subissant les vices de leurs auteurs et continuant leur possession *telle quelle*, — et les successeurs *à titre singulier*, qui commencent une possession pour eux-mêmes : « à l'abri, dit-» il, du titre de propriété qui leur a été concédé, leur » possession se détache de celle du précédent possesseur, » et donne naissance à une ère nouvelle. »

Il est bien certain, comme nous l'avons déjà remarqué plus haut, que si le tiers acquéreur est de *bonne foi*, il prescrira la propriété par 10 ou 20 ; — il y aura interversion légitime de la possession du vendeur. — Mais *quid* si le tiers acquéreur est lui-même de *mauvaise foi*, s'il est constant, par exemple, qu'il n'ignore point que celui qui lui transmet la chose n'en est que détenteur ou *possesseur précaire ?*

Écoutons encore M. Troplong : « Toutefois, dit-il, la » connaissance simple de l'absence de droit dans la per-» sonne du vendeur ne serait pas suffisante, par elle-» même, pour exclure une possession à l'effet de pres-» crire. — Le possesseur de mauvaise foi, qui a un titre » vicieux, peut le purger par le secours d'une possession » de trente ans, ayant tous les caractères voulus par l'ar-» ticle 2229 du Code civil. — Pour décider que le tiers » détenteur n'est qu'un *possesseur précaire*, il faudrait, » outre *la mauvaise foi*, des faits de simulation, de dol » et de fraude, qui rendissent inutile l'acte translatif de » propriété… » Il cite ici les paroles de M. de Broë, un des membres les plus distingués de la Cour suprême, dans son rapport sur l'affaire jugée par arrêt de cette

Cour, du 12 janvier 1832 (Dalloz, 32, 1, 82). «... De
» la connaissance des vices du titre, dit M. le conseiller
» de Broë, à la continuation de la précarité, la consé-
» quence n'était pas forcée. Il pouvait bien en effet n'en
» résulter que la *mauvaise foi*. Or, la *précarité* et la
» *mauvaise foi* sont deux choses distinctes. Sous le droit
» romain comme aujourd'hui, la précarité (une fois dû-
» ment établie ou prouvée), était un obstacle perpétuel à
» la prescription ; mais, sous le droit romain comme
» aujourd'hui, la *mauvaise foi* ne forme un obstacle
» qu'à la prescription de dix et vingt ans, et nullement
» à la prescription trentenaire, introduite postérieure-
» ment. Ainsi, celui qui achète d'un *fermier* (ou d'un
» *usager*), vendant comme *propriétaire*, sera bien un
» *possesseur de mauvaise foi* s'il a connu les vices de
» son titre ; mais il ne sera pas par cela même un *posses-
» seur précaire :* il pourra donc commencer de son chef
» une prescription *animo domini.*»

« On ne saurait mieux dire, » ajoute M. Troplong,
ibid., § 518.

Or, les titres translatifs de propriété les plus explicites
et les plus positifs, émanant de personnes non suspectes
de mauvaise foi, souvent étrangères aux communes que
nous avons très-gratuitement supposées *usagères,* abon-
dent entre nos mains ; — or, — toujours en supposant
l'existence de ce *titre primordial* de propriété originaire
sur la tête du seigneur, et même en admettant qu'il stipulait toujours comme *propriétaire* dans les *emphytéoses,
nouveaux baux* et *albergements* consentis par lui dans la
suite des temps, en si grand nombre qu'il est vrai de dire
que la *très-majeure partie* des terres de la seigneurie a

été l'objet de pareilles concessions, — NOUS AVONS ÉTABLI que celles-ci comprenaient aussi bien *les bois et arbres* que les terrains où ils étaient radiqués, et que les concessionnaires sont aujourd'hui INCOMMUTABLES PROPRIÉTAIRES des uns comme des autres. Quelle difficulté y aura-t-il, dès lors, à faire l'application des principes rappelés ci-dessus, en matière de prescription, à ceux des possesseurs litigiants, qui, — sans avoir le titre même de la concession emphytéotique, perdu dans les ruines du temps et des révolutions, — se contenteront de représenter un plus ou moins grand nombre d'actes *translatifs de propriété* OU JUSTES TITRES, dont les plus anciens sont conçus de manière à faire précisément (1) supposer l'existence de cette concession originaire, puisqu'ils rappellent expressément *la directe*, des droits *de cense, tasque*, etc. ? — Évidemment, AUCUNE, ce nous semble !! — Oui, sans AUCUNE DIFFICULTÉ on appliquera le principe *tantùm prescriptum quantùm possessum*.

III. — Nous croyons devoir dire un mot ici de la mesure agraire usitée dans l'ancien comté de Sault, dite la *charge en semence* ; c'est encore une question importante dont nos contradicteurs ont essayé souvent de tirer grand

---

(1) Nous pourrions même dire : LÉGALEMENT *supposer* ou PRÉSUMER *l'existence de la concession originaire* ; en effet, l'article 2 du tit. 3 des *lettres patentes* du roi, du 28 mars 1790, sur le décret de l'Assemblée nationale, du 24 du même mois, est ainsi conçu : «.. sont PRÉSUMÉS *être le* » *prix et la condition d'une concession primitive* (ou originaire) *du fonds,* » SAUF LA PREUVE CONTRAIRE :.... 1° *toutes les redevances seigneuriales* » *annuelles, sous la dénomination de censes, censives, tasque......* etc. » Voir aussi Salvaing de Boissieu, *de l'usage des fiefs*, ch. 53 et 54, et page 89 ci-dessus.

parti ; — elle se réduit pourtant, avec un peu de bonne volonté, à des termes bien simples.

Cette mesure agraire, *la charge en semence*, variait suivant les localités et surtout en raison de la nature ou *qualité des terrains ;* plus le sol était fertile, moins *la charge en semence* avait d'étendue, et plus il était ingrat, plus elle en avait. Ceci était basé sur une des plus élémentaires notions d'agriculture, à savoir : que plus un terrain est fertile, moins une *charge* de grain qu'on y sème y occupe d'espace, parce qu'on jette dans une superficie de terrain donnée d'autant plus de semence que ce terrain est de meilleure qualité ; — au contraire, plus le sol est ingrat ou infertile, moins il comporte de semence, et plus, en conséquence, la *charge de grain* qu'on y sème y occupe d'espace.

Il est constaté par des documents très-positifs et incontestables que, dans les qualités de terrain *pires* ou simplement *mauvais*, — et TOUS les terrains *gastes* ou *boisés* sont, dans nos montagnes, dans cette catégorie, — LA CHARGE EN SEMENCE avait une étendue moyenne qui variait de quatre à cinq et même six mille cannes carrées. Voir : un acte du 30 décembre 1666, reçu Me Montjallard, notaire à St-Savournin, sous l'autorisation du *juge seigneurial*, portant adjudication, à un sieur Lambert, de l'arpentage du cadastre de St-Christol, et dans lequel on voit que le *mauvais* était de quatre mille cannes carrées à la charge, — et le *pire*, de cinq mille six cents cannes ; — une transaction, du 12 janvier 1760, entre cette même commune et le seigneur, où se trouve ce qui suit : «...... déclarant les dits députés (de la com-
» mune) que la charge sera composée de quatre mille

» *cannes ;* ainsi convenu entre M. Desgranges (manda-
» taire spécial du duc de Villeroy) et lesdits députés, —
» *attendu que lors de la transaction de* 1700 (ajoute
» l'acte), *la contenance de la charge des biens* DE
» PAREILLE NATURE (les bois) *était fixée à la* même quan-
» tité de cannes ; » — un acte du 18 mai 1698, notaire
Beauzin, à Aix, *dans lequel le seigneur est partie* (au
dossier des propriétaires actuels des terres qui formaient
l'ancien mandement de *Pierrerousse*), et qui constate
que cette même qualité de biens avait, au Revest-du-
Bion, à Redortiers et à Simiane, trois mille cannes carrées (EN MOYENNE, sans doute) à la *charge en semence ;*
— le jugement rendu par le tribunal de Carpentras,
entre la commune de St-Christol et de St-Jullien, en
1822, et un arrêt de la cour de Nimes, du 10 février 1824,
qui ont décidé que la *charge en semence* était, à Saint-
Christol (et il en était de même, *ou à peu près*, dans les
autres localités voisines), dans les XVIᵉ, XVIIᵉ et XVIIIᵉ
siècles, de quatre mille cannes au moins dans les qualités
de terrain dites *mauvaises* dans les cadastres, — telles
qu'étaient, en général, les terres boisées…: les qualités
pires variaient de cinq à six mille cannes au moins, etc.

Quand on a sous les yeux ces actes et documents, on
se demande comment les ayants droit de l'ancien seigneur ont osé prétendre que la *charge en semence* ne
dépassait jamais deux mille cannes carrées, même pour
les terres gastes !

Dans un pareil système de mesure superficiaire, il n'y
avait donc pas d'unité fixe ; de sorte qu'il va sans dire
que la *charge en semence*, qui, pour *telle* terre, était, en
1698, par exemple, de trois mille cannes, pouvait avoir,

quelques années plus tard, *pour cette même terre,* quatre
ou cinq mille cannes et même davantage, si, par défaut
de culture ou autres causes, celle-ci était devenue de
qualité *pire.* — Aussi les contrats expliquaient-ils souvent le nombre de cannes que l'on comptait à la *charge
en semence......* Du reste, dans toute question de contenance ou de consistance, une fois les tenants, aboutissants
ou confronts suffisamment établis, qu'importe l'énonciation du chiffre de la contenance, toujours suivie, au
surplus, des mots « *en quoi que le tout consiste ou puisse
» consister,* etc...», constatant que la vente est faite en
corps et non en *mesure?*

Nous dirons enfin, avec l'illustre président du Sénat et
de la Cour de cassation, que « les indications de consis-
» tance sont habituellement trop fautives pour s'y arrêter
» aveuglément, SURTOUT QUAND IL S'AGIT DE TITRES RÉDIGÉS
» A DES ÉPOQUES RECULÉES, et où les mesures n'étaient
» peut-être pas les mêmes que celles qui, plus tard, ont
» été mises en vigueur....» — *De la prescript.,* tom. I,
§ 353. — Les tenants ou aboutissants et confronts, l'intention des parties, suffisamment révélée par les termes
de l'acte, — voilà la véritable règle, celle qui doit
dominer !

IV. — Deux mots à présent sur la prétendue *vilité*
des prix portés aux actes de vente, opposés aux ayants
droit de l'ancien seigneur. C'est encore un bien misérable
argument, dont ils ont l'air, pourtant, de se prévaloir
avec une certaine assurance.

L'inféodation originaire, quelle qu'en fût la source
(voir pages 7, 8, 9, 20 et 21 ci-dessus), et les con-

séquences féodales (droits de *confiscation*, de *prélation*, de *commise*, de *déshérence*, etc.) qui en dérivaient, avaient mis à la disposition du seigneur, dans la suite des temps, d'immenses étendues de terrains, que ce dernier avait grand intérêt à mettre en produit ; de là cette multitude, cette fréquence des concessions emphytéotiques ou à *nouveau bail* ; — de là donc une première et principale cause de la modicité du prix des immeubles ruraux à cette époque ; car on n'avait pas besoin D'ACHETER CHÈREMENT d'un autre ce que l'on pouvait recevoir de la main du seigneur, à titre d'emphytéose, de *nouveau bail* ou *d'albergement*, au moyen d'une LÉGÈRE REDEVANCE ANNUELLE ! Les prix de vente n'ont dû commencer à s'élever qu'au fur et à mesure que les concessions sont devenues plus rares et ont fini par cesser complétement ! Pareille chose s'est passée et se passe encore dans notre colonie d'Afrique, par exemple ; la valeur vénale de la propriété immobilière y augmente à mesure que les concessions territoriales deviennent plus rares de la part de l'État, — qui, dans l'intérêt de ce beau pays, si plein d'avenir entre les mains de la France, (et puisqu'il est certain que la propriété immobilière est partout la meilleure et plus sûre base du crédit public), aurait dû peut-être les supprimer *entièrement*, et laisser ainsi cette propriété prendre peu à peu et librement toute sa valeur.

D'ailleurs, la difficulté des transports, à cette même époque, ou mieux, le manque presque absolu de communications, — la modicité des produits ou revenus de l'agriculture, sur lesquels encore le seigneur prélevait une quote-part *(le treizain, le quatorzain)*, — la rareté du signe monétaire, — voilà tout autant de causes

évidentes ou palpables de cette prétendue *vilité des prix*
de vente.

Disons enfin que l'argument que l'on voudrait en tirer
se retournerait, en tout cas, contre nos adversaires ; en
effet, en 1802, M. Magnan, leur auteur, s'est rendu
acquéreur des biens de la succession de Villeroy, dans
l ancien comté de Sault, au prix de cent quatre-vingt
douze mille francs ; de 1802 à 1814 le prix de la revente
d'une fraction de ces biens s'est élevé à deux cent trente-
deux mille francs ; tout le surplus de ces prétendus biens
et droits successifs, y compris il est vrai, quelques immeubles, qui, tels que l'établissement des hauts-four-
neaux de Rustrel, n'en ont jamais fait partie, — vient
d'être adjugé à MM. Roux et Gavot, au prix de *quatre cent
trente mille francs*. Or, si tout ce que ces derniers prétendent avoir acquis leur appartenait, ils auraient acquis
une valeur immobilière de plus de *douze cent mille
francs !* la différence de ce dernier chiffre avec celui
de l'acquisition première, faite par M. Magnan, serait
d'environ UN MILLION ! — Qu'il ne soit donc plus question
de cette prétendue *vilité des prix* de vente ; nous l'expli-
quons, en ce qui nous concerne, par des raisons juridiques et suffisantes, et elle demeure, du côté de nos
adversaires, tout à fait inexplicable, autrement qu'en
disant que l'hoirie de Villeroy est bien loin d'avoir entendu
vendre tout ce que nos contradicteurs réclament aujour-
d'hui, et que ceux-ci, ou au moins leurs premiers prédécesseurs, n'ont pas entendu l'acheter ; aussi, ces premiers acquéreurs, MM. Magnan, Clément, de Redern, de
Flers, n'ont-ils jamais formulé la moindre prétention
contre les propriétaires si audacieusement traqués et

persécutés *depuis seulement l'année* 1835 ou 1836, — depuis surtout que certaines erreurs judiciaires, fort lamentables, sont venues, pour ainsi dire, en aide à ce système de vexation et de persécution !

V. — Nous avouons humblement ne point comprendre du tout le peu de cas que l'on voudrait faire de ces anciens registres, qui, sous le nom de *cadastres*, contiennent le dénombrement, la qualité et la désignation des propriétés foncières sujettes à l'impôt. En effet, la confection de ces registres était accompagnée de certaines formalités qui lui donnaient un caractère incontestable de sincérité et d'authenticité. Ainsi, on y procédait sous la surveillance du juge du seigneur et en vertu d'un arrêt de la Cour des Comptes (voir un procès-verbal dressé par Mᵉ Montjallard, notaire à St-Christol, du 30 décembre 1666, et un arrêt de la Cour des Comptes du parlement de Provence, du 14 du même mois, même année). On comprend très-bien qu'un document qui devait servir d'assiette à l'impôt public ne devait point être créé ou établi sans l'intervention de l'autorité ou puissance publique, laquelle était en ce temps-là presque toute entière, comme on le sait, entre les mains du *seigneur haut-justicier.* Qu'il n'ait point agi, en pareil cas, comme *propriétaire*, on en en convient; mais il n'est pas moins incontestable qu'il pouvait avoir la double qualité de *haut-justicier* et de *propriétaire,* et que si les agents, dans l'exercice de l'autorité qu'ils tenaient de lui, avaient aperçu des manœuvres ou des fraudes, qui, telles que les *fausses inscriptions* aux cadastres, auraient pu avoir pour résultat de porter atteinte aux droits de propriété de leur seigneur,

ils n'auraient CERTAINEMENT pas manqué de les relever. —
Voir, notamment, Despeisses, *des tailles*, tom. III, tit. III,
sect. 1ʳᵉ. Cet auteur dit que «la Cour des Aides ou des
» Comptes, en octroyant la permission de procéder à la
» confection ou renouvellement du *compoix* ou *cadastre*,
» a accoutumé de concevoir l'arrêt en ces termes: *la*
» *Cour permet aux consuls modernes* de tel lieu *de faire*
» *procéder à une nouvelle recherche et compoix ou*
» *cadastre du dit lieu par prudhommes et experts non*
» *suspects,* PAR DEVANT LES OFFICIERS ORDINAIRES *du dit*
» *lieu....., à la charge, le dit compoix ou cadastre fait,*
» *de le remettre de vers la Cour, pour y être autorisé et*
» *vérifié.....»*

Or, dans le système de nos contradicteurs, consistant
à regarder comme *frauduleuses* et *non advenues*, non
pas seulement QUELQUES-UNES mais LA TOTALITÉ des inscriptions et mentions cadastrales nous concernant, ces
agents de l'autorité du seigneur, ces *officiers ordinaires*,
ces *juges* et *lieutenants de juges seigneuriaux*, ces *in-
tendants aux affaires de Mgr le duc,* auraient TOUJOURS,
constamment fermé les yeux, sans élever JAMAIS la moindre protestation, *pendant plus d'un siècle et demi* (voir
la date des plus anciens cadastres), sur une MULTITUDE
d'inscriptions et de mentions frauduleuses au cadastre, —
c'est-à-dire sur une MULTITUDE de manœuvres que l'on pouvait dire coupables et *criminelles*, puisqu'on n'aurait pu les
expliquer que par l'intention, de la part de leurs auteurs,
de s'approprier indûment, D'USURPER les biens du seigneur !! Mais non, loin de relever jamais AUCUNE de ces
prétendues fraudes presque innombrables, —au dire de
nos adversaires, le seigneur prenait *pour vérité*, toutes

les fois que l'occasion s'en présentait, les mentions et les inscriptions cadastrales : «.... *nous étant, à cet effet,* » *réglé* SUR LE CADASTRE *du Revest-du-Bion, qui est le* » *lieu le plus voisin ayant les mêmes mesures,* » dit-il lui-même dans le *procès-verbal d'arpentage* porté en l'acte du 18 mai 1698 déjà cité, page 108 ci-dessus ! — Voir un autre exemple de cette déférence au cadastre, de la part du seigneur, page 92 ci-dessus.

Disons-le franchement : quand on réfléchit combien ces temps-là étaient, en général, peu favorables aux vassaux pour envahir les biens des seigneurs, combien peu la féodalité était disposée à se laisser opprimer, — combien il serait facile d'établir qu'elle était, tout au contraire, extrêmement attentive à la *conservation* DE SES MOINDRES *droits et prérogatives,* — combien, trop souvent, elle se montrait, au contraire, oppressive, envahissante et injuste, on ne peut s'empêcher de regarder comme vraiment extravagante et presque absurde cette prétention de nos contradicteurs de réduire à *néant,* de vouloir considérer commme FRAUDULEUSES et tendant à L'USURPATION, — comme *non advenues,* — comme n'ayant aucune valeur juridique et probante les mentions et inscriptions portées aux anciens cadastres ! Et qui donc songeait alors à *usurper,* à *envahir* ? qui ? sinon les seigneurs qui avaient pour cela toute l'omnipotence, tous les moyens nécessaires, et qui n'en ont usé ou abusé que TROP SOUVENT, — l'histoire est là pour le prouver !!! — Nous croyons, nous, avec le simple sens commun, que c'est le cas ici, ou jamais, de dire : «*in antiquis enuntiativa probant.*» « ANTIQUITÉ A » AUTORITÉ, » dit le judicieux Loysel, livre v, tom. III, n° 1.

Quoi donc ! on n'aurait que du dédain pour ces inscriptions et mentions cadastrales, qui, à l'autorité du temps,
aux causes et garanties de sincérité qui les accompa-
gnent, joignent encore le mérite d'être spéciales à *telle*
ou *telle* étendue ou parcelle de terre, précisément à celle
que l'on ose nous contester aujourd'hui ! — et l'on s'in-
clinerait avec vénération devant un tas de vieilleries qui,
sous les dénominations d'*hommages*, de *reconnaissances,
dénombrement, lettres patentes, ordonnances* et *règlements* édictés par l'ancien seigneur, ne contiennent que
des généralités et des clauses de style féodal, ne sont que
le bagage suranné d'une féodalité qui n'est plus , — qui,
d'ailleurs, n'ont rien de spécial à cette étendue, à cette
parcelle de terre aujourd'hui effrontément contestée à des
gens qui la possèdent et qui en paient l'impôt depuis
des siècles ! — vieilleries et paperasses dans lesquelles,
en outre, — nous croyons l'avoir prouvé, — il ne s'agit
AUCUNEMENT de transmission de la *propriété foncière*, —
à la différence des cadastres, qui n'ont pas d'autre but
que de la constater pour la soumettre à l'impôt !!!

Tant s'en faut, au surplus, que la loi romaine, les
anciens auteurs et la jurisprudence autorisent ce dédain
avec lequel nos adversaires prétendent traiter les énonciations cadastrales qui, environ deux siècles après leur
confection, nous apportent la consistance, les confronts,
et, en quelque sorte l'image fidèle de la propriété foncière
et territoriale que l'on nous conteste aujourd'hui ! Voir :
Leg. 10, D. *de prob.;* — Leg. 11 *ibid. de fin. regund.;*
— Despeisses, *Traité des tailles,* tom. II, page 583, n° 3 :
« lorsqu'il s'agit, dit ce dernier auteur, de vérifier les
» bornes ou limites *(ou contenance)* de quelques terres,

» la preuve qui s'en fait par les livres de cadastres ou
» monuments publics DOIT ÊTRE SUIVIE, parce que dans les
» cadastres on décrit les bornes et limites de chaque
» fonds....» Voir encore le même Despeisses, ibid. page
588, n° 24 ; — « *les compoix* ou cadastres, dit encore
» cet auteur, ibid., tom. III, pag. 554, n° 26, *commencés*
» *avant le procès, font* PLEINE FOI *pour prouver les bornes*
» *ou limites....»* — Julien, *Statuts de Prov.*, tom. II,
page 509, et les auteurs qu'il cite ; — arrêt de la Cour
roy. de Pau, du 30 juin 1854 ; arrêt de la Cour de Cass.
du 13 juin 1858, etc.

Que dire encore de cette prétention de nos contradicteurs à l'endroit des anciens cadastres, quand on réfléchit que les mentions qu'ils contiennent sont soutenues et
corroborées par *des centaines* d'actes authentiques, et
que la FRAUDE qu'ils osent supposer dans ces mentions et
inscriptions cadastrales ne porterait pas sur quelques
fractions *insignifiantes* de terrain ainsi encadastrées,
mais sur des MILLIERS de *charges* ou d'hectares; — les
D'Agout, — les Lesdiguières, — les Villeroy et leurs
agents ou officiers, — dans un temps ou RIEN, en fait
d'administration et de justice, ne se faisait que *de par le*
seigneur et au *nom du seigneur*, — auraient ainsi laissé
s'afficher, se manifester *par écrit* dans un registre
public, permanent, ouvert à tous, sans cesse consulté, et
PENDANT DES SIÈCLES, l'intention de les dépouiller, c'est-à-
dire de VÉRITABLES ACTES D'USURPATION, SANS JAMAIS dire
mot ! Allons donc !!!

Les mentions des anciens cadastres sont sincères, sont
vraies (pourquoi, s'il vous plaît, ne le seraient-elles
pas ?), sont consacrées par l'autorité du temps, — qui

nous les a conservées comme ces médailles et monuments à l'aide desquels le savant rétablit la vérité historique et chronologique ; elles doivent, comme ces monuments, faire foi, — alors surtout que notre possession et nos autres titres y sont conformes !

Elles doivent faire foi *tout au moins* autant que ces quelques vestiges, ruines, plantations, etc., qui fort souvent apparaissent au magistrat enquêteur comme des pièces de conviction, comme des motifs déterminants de décision !! Or, les cadastres, registres exécutés sous les yeux et par les ordres de la puissance publique, alors dévolue aux seigneurs, — existant dès 1559 dans diverses provinces du royaume, notamment en Dauphiné, où ils avaient été établis avant sa réunion à la France, valent BIEN PLUS que tout cela!!! Voir : *Recueil méth.*, ouvrage publié par l'Administ. en 1811 pour la confect. du *cadastre,* introd. art. II; — Macarel et Boulatignier, *de la fortune publ. en France,* tom. III, pag. 3.

QUATRIÈME PARTIE.

DEUX EXEMPLES DES PRÉTENTIONS QUE NOUS COMBATTONS.

---

§ Ier. — LES BOIS ET ARBRES RADIQUÉS DANS LES TERRES DE L'ANCIEN MANDEMENT DE PIERREROUSSE.

La famille Peyron possède, au terroir du Revest-du-Bion, quartier de *Pierrerousse*, un domaine appelé de ce nom, dans les limites duquel se trouve une petite forêt, jeune (1) et vigoureuse, qui vient d'être l'objet d'une coupe générale comme celle qui y fut exécutée en 1819, (voir n° 23, page   ci-après), *sans opposition de*

(1) Une enquête, dont les pièces sont au dossier des ayants droit de l'ancien seigneur, et dans laquelle sept témoins ont été entendus, constate que, en 1778, 1779 et 1780, *un bois commençait à venir* (sic) *au quartier de Pierrerousse...*

personne, par les ordres de M. Brochéry, alors propriétaire de ce domaine. — Il est bien certain que cette
famille, si elle n'avait eu fortement la conscience de son
droit, n'aurait point renouvelé une coupe semblable,
malgré des prétentions contraires, hautement, audacieusement formulées, — malgré une foule de procès-verbaux, dont le premier, — en ce qui touche le domaine
de *Pierrerousse*, — ne remonte point au delà de 1837.

Cette conscience de son droit, la famille Peyron est
loin de l'avoir perdue lorsqu'elle a pu voir enfin, APRÈS
UNE ATTENTE DE PRÈS DE VINGT ANS (1), les titres
sur lesquels les ayants droit de l'ancien seigneur entendent baser leurs prétentions sur un domaine qu'elle possède, par elle ou ses auteurs, depuis plus de DEUX SIÈCLES,
toujours AVEC LES MÊMES CONFRONTS et LA MÊME ÉTENDUE,
au moins.

Les terres qui dépendent de ce domaine, — toutes
contiguës, ne formant qu'un seul tènement ou *affard* (2),
— toutes situées au quartier de *Pierrerousse*, ne sont
autres, sans aucun doute, que celles qui composaient
l'ancien *mandement* de ce nom, *qu'elles ont* TOUJOURS
porté, — mandement bien distinct de celui du Revest,
comme il conste de plusieurs pièces au dossier des adversaires, notamment de la *reconnaissance* ou *transaction*
du 18 décembre 1489 et de *l'hommage* du 13 mars

(1) L'exploit par lequel la famille Peyron sommait l'ayant droit du seigneur de produire ses titres devant le tribunal de Forcalquier, est du 16
mars 1838.

(2) « En Dauphiné, dit Denizart (v° *affard*), le mot *affard* désigne tou-
» tes les dépendances du fief. » — Voir Salvaing de Boissieu, *de l'us. des
fiefs*, ch. 97. page 483 ; — De Ferrière, — Du Cange, v° *affard*.

1520 ; « *transaction*, porte l'intitulé du premier de ces
» actes (sur une vieille traduction qui nous a été signi-
» fiée), *entre Aimar Durre, seigneur d'Ourches, comme*
» *procureur de Blanche et Catherine Adhémar, dames*
» *par indivis* DES LIEUX ET MANDEMENTS DU REVEST *et* DE
» PIERREROUSSE, *aux baronnies de Mévoillon et de Mon-*
» *tauban.....»* « *hommagium*, dit l'acte de 1520, *pres-*
» *titum Ludovico d'Agousto, domino de Saltu et* CASTRO-
» RUM *et* MANDAMENTORUM DE REVESTO ALBIONIS *et de* PETRA
» RUFFA (1)...» .

Comme nous l'avons déjà remarqué (pages 45 et 46
ci-dessus), *les terres de Pierrerousse* sont données pour
CONFRONT *au château et terres* du Revest-du-Bion, dans
l'acte de donation du 2 juin 1337, par lequel Lambert
Adhémar, — pour s'assurer protection *(præsidii causâ)*,
suivant la forme alors usitée, surtout en Dauphiné, —
transfère cette seigneurie du Revest à *Humbert Dauphin*
Viennois, qui, par le même acte, l'inféode au donateur,
à la charge de la *foi et hommage ;* et il y est dit que ces
terres de *Pierrerousse* sont ALLODIALES, c'est-à-dire ne
relèvent que *de Dieu seul.*

Il est vrai que, plus tard, ainsi qu'il résulte de divers
actes, soit au dossier des adversaires, soit au nôtre, les
mêmes terres sont *hommagées* tout comme celles du
Revest, sont dites *relever*, comme celles du Revest, de la
directe du seigneur. Mais qu'est-ce que cela prouve ?
en résulte-t-il que ce dernier soit devenu *propriétaire*

---

(1) La coutume du fief *servant* sera gardée pour les droits féodaux, et
non du *dominant...»* Voir : Imbert, in verbis *consuetudo regionis*, —
Dumoulin, *sur la coutume de Paris, in tract. de mat. feod.* § XXII, quest.
XX, num. 86 ; — Cujas, lib. I, *feud.*, cap. 2....

foncier de ces terres? — pas le moins du monde ! Au contraire, dans la *reconnaissance* ou *transaction* du 18 décembre 1489, le seigneur lui-même reconnaît QU'ELLES ont été ACQUISES (1) PAR LES FRÈRES BARRUOL, — *parties* en ce même acte, — DE PRUDHOMME GUILLAUME JARJAYE de LA VILLE DE SAULT !!! — Cette énonciation, si grave et qui rappelle l'adage : « *in antiquis enuntiativa* PROBANT, » se trouve d'ailleurs confirmée par l'arrêt de 1726, dont il va être parlé de nouveau ci-après, et où il est fait mention de certains droits particuliers concernant les TERRES ACQUISES PAR LES FRÈRES BARRUOL DU Sr JARJAYE : ce qui établit de plus fort 1° que ce mot *acquises*, dans l'acte de 1489, ne se rapporte point en même temps aux TERRES du Revest et à celles de *Pierrerousse,* mais seulement à celles-ci ; et 2° que ces dernières terres formaient un *fief* ou mandement *distinct* de celui du *Revest.*

De grâce, dites-nous donc quels sont vos titres sur le domaine de *Pierrerousse* et les *bois* qui en dépendent, et quelle est la cause, quel est le prétexte, tant soit peu juridique, de l'obstination que vous mettez, *depuis plus de vingt ans,* à nous vexer, à nous troubler de mille manières dans la possession d'un bien patrimonial ?......

____

(1) Le mot ACQUISES ne se rapporte certainement qu'aux terres de PIER-REROUSSE et non point en même temps à celles du Revest, comme semble-rait l'indiquer le sens grammatical de cet acte de 1489, dont le texte serait, à coup sûr, beaucoup plus intelligible que la vieille traduction qui nous en a été communiquée ; — mais, telle quelle, nous ne pensons pas qu'il soit possible d'appliquer ce mot ACQUISES à d'autres terres que celles de PIERREROUSSE ; autrement, il faudrait admettre que les frères Barruol, en qualité dans l'acte, ont acquis et les terres de *Pierrerousse* et celles du *Revest,* ce que rien n'indique dans les éléments de la cause.

Quant à votre arrêt du 22 août 1726, nous avons déjà dit combien il est impuissant à justifier vos prétentions, non-seulement sur le Revest, mais encore sur *Pierre-rousse,* — localité très-distincte, vous le savez, — qui n'est pas même nominativement mentionnée dans cette décision judiciaire, pour laquelle nous n'avons été ni appelés ni entendus, ni aucunement mis en cause, de sorte qu'elle serait à notre égard tout-à-fait *res inter alios acta,* — si elle n'était point d'ailleurs frappée de NULLITÉ ABSOLUE par l'effet des lois révolutionnaires ! (Voir, notamment, l'arrêt de la Cour de Cassation du 2 avril 1853, rapporté ci-dessus, page 56.)

Mais, afin de donner, pour ainsi dire, le *coup de grâce,* surtout en ce qui nous concerne, à cet arrêt de 1726, nous transcrivons ci-après littéralement la consultation que nous avons demandée, sur ce point, au talent d'un jurisconsulte renommé, principalement dans les matières de droit féodal et delphinal ; on y remarquera avec quel à-propos le savant avocat de Grenoble fait mention des *procès de M. de Belmont,* venant, lui aussi, au nom de l'ancien seigneur, formuler des prétentions qui étaient toutes semblables à celles de nos adversaires, et qui ont été définitivement et entièrement rejetées ou anéanties, malgré des moyens bien plus graves que ceux que l'on oppose !

Pour mettre enfin un terme aux troubles et vexations dont elle est l'objet depuis 1857, la famille Peyron avait eu recours au juge du possessoire, et elle avait obtenu, sans *aucune difficulté,* le 11 décembre 1855, un jugement du juge de paix du canton de Banon, qui la *maintenait en possession* des domaine et bois dont il s'agit. Dans le but d'abréger le procès et pour d'autres motifs, qui n'amoindrissent aucunement la portée de cette décision et qui pourront être expliquées à l'audience, les consorts Peyron, — forts, d'ailleurs, de leur position, de toute manière *iné- branlable*, — ont cru devoir renoncer au bénéfice de ce jugement possessoire, et reprendre purement et simplement l'instance par eux introduite, comme il a été dit plus haut, en 1858, et c'est avec le consentement réciproque des parties, sur ce point, que le tribunal de Forcalquier a rendu, le 26 juin 1857, un jugement de renvoi à cette instance.

Telle est la pauvreté des prétendus titres des adversaires de la famille Peyron ! — Voici maintenant ceux que cette dernière leur oppose ; — sans parler ici davantage des énonciations portées aux actes des 2 juin 1537 et 18 décembre 1489, qui viennent d'être rappelées et qui forment *titre* pour elle, puisqu'elles établissent TOUT LE CONTRAIRE des prétentions de ses contradicteurs, nous nous contenterons de faire, de ces titres, une mention textuelle sommaire, par ordre de dates et sans autres explications que quelques notes marginales, le meilleur de tous les commentaires étant à coup sûr, dans une possession de PLUS DE DEUX SIÈCLES, — *optima legum interpres consuetudo* (1).

I. — Le 8 décembre 1655, par acte reçu Mᵉ Montjalard, notaire à St-Savournin, VENTE par Pierre Odol, bourgeois du lieu de ROUSSILLON, à messire Aymé Lanfant, conseiller du roi au siége général D'AIX,

Les deux parties sont, l'une et l'autre, étrangères à la commune du Revest-du-Bion.

(1) Les titres aussi ne sont-ils pas des lois, — la loi des parties contractantes, ainsi que de leurs héritiers et ayants cause ?

« D'une bastide, avec son *affard* de terres, près à
» l'entour et jardin, au terroir du lieu du Revest-du-Bion,
» au quartier appelé Pierrerousse, de la contenance d'en-
» viron *soixante et dix charges en semence*, et AUTREMENT
» TANT QUE LE TOUT CONTIENNE, *mesure suivant les cadas-*
» *tres* faits par la communauté du dit Revest, confron-
» tant les PARTIES (ou limites) DU TERROIR DE SIMIANE, —
» PARTIE DU TERROIR DE MONTSALLIER (ces confronts sont
» encore les mêmes aujourd'hui), *terre d'Antoine Bar-*
» *ruol, la terre gaste, et autres confronts plus prochains*
» *et véritables, si point y a.* Le tout soumis à la *directe*
» de Mgr le duc de Lesdiguières, seigneur du dit Revest,
» aux censes et services que le tout se trouve fixé par les
» *reconnaissances ;*

Moyennant *mille livres de l'ordonnance* ..... etc.

II. — Du 5 janvier 1654, notaire Me Montjallard à St-
Christol, *bail à mégerie* par Aymé Lanfant à Joseph
Maurel, du Revest-du-Bion, « d'une grange, jardin, pré
» et terres, assises et situées au terroir du dit Revest,
» *dite* de Pierrerousse....»

Le fermier sera tenu de « semer tous les ans AU MOINS
» *vingt charges de blé hordinaux* et *quatre charges*
» *annonne* ;.. de faire aussi *tous les ans vingt cannes*
» *de palissades pour faire* CLORE.... sans pouvoir tenir
» d'autre bétail que celui du sieur Lanfant, ni même don-
» ner retraite à aucun, autrement, sans son exprès con-
» sentement....»

Le bailleur exprime l'intention de faire bâtir un jas
pour les *pourceaux....*

III. — Le 6 juin 1682, Laty, notaire à Sisteron, VENTE par noble *Aymé Lanfant, seigneur de Peyresc, vicomte de Valernes,*

A Marc Manenty, du lieu de SEDERON, « d'une bastide » *affard,* dite *Valgueret,* au quartier de *Pierrerousse* et » DE TOUS LES BIENS, *terres,* BOIS, prés, jardin, aires QUI » EN DÉPENDENT ; le tout, au terroir du Revest, et *ainsi* » *qu'il est confronté et désigné au livre terrier ou cadastre du dit Revest...,* promettant le dit sieur de Peyresc » de faire avoir, jouir et tenir le dit Manenty et de lui » être tenu de toute éviction, générale et particulière.. »
Pour le prix de six mille livres...

Les deux parties sont, encore ici, étrangères, l'une et l'autre, à la commune du Revest.

C'est le *seul* acte où ce nom de *Valgueret* soit donné au domaine de *Pierrerousse* : lui aurait-il été donné parce que la très-majeure partie de son tènement se trouvait alors en *guéret?*

Certes, il n'est pas possible de préciser davantage l'objet vendu ! — les BOIS sont vendus comme toutes les autres dépendances du domaine ! — Nous n'avons pas besoin, au reste, de cette désignation nominative pour en être convaincu ! — Quant aux confronts, on se réfère au *cadastre.*

Voilà bien, s'il en était besoin, un *juste titre,* et de plus, toutes les allures, toutes les circonstances de la meilleure foi du monde !

IV. — Les 7 et 8 janvier 1683, actes reçus Mᵉ Barbier, notaire à Sault, portant *déclaration* et *démission* (rétrocession) par le même Manenty au même Lanfant « de la » grange dite de PIERREROUSSE, dans le terroir du Revest, » avec tout son *affard* et tènement...., COMME LE TOUT » RÉSULTE de l'acte passé chez Mᵉ Laty, notaire à Sisteron, » au mois de juin passé.... »

C'est bien *la même* bastide, que celle dite *Valgueret* dans cet acte du 6 juin 1682, avec *tous les biens,* terres, BOIS QUI EN DÉPENDENT !

V. — Du 4 décembre 1684, acte du même notaire, *bail à mégerie* par *noble Aymé Lanfant, seigneur de*

Peyresc et autres places, — à Barthélemy et Joseph Rey, père et fils, du Revest-du-Bion, de « la bastide appelée » PIERREROUSSE, avec tout son *affard* de terres, pré, » haire, jardin, le tout assis dans le terroir du Revest et » *partie dans celui de Simiane...*»

Il sera semé annuellement 18 charges de seigle, 8 charges avoine, deux éminées de divers legumes.

Capitaux vifs : 4 bœufs.

2 ânesses.

1 vache.

80 bêtes à laine.

17 agneaux.

19 CHÈVRES et BOUCS.

4 CHEVREAUX.

5 truyes.

25 pourceaux.

« Pourra, le bailleur, tenir une femme *pour cueillir* » DU GLAND SOIT DANS LES BLÉS OU AUTRES TERRES DU TÈNE- » MENT.....

« Il sera fait un pré, qui sera entouré d'une *cloison en* » bois........ ; les preneurs feront des CLOISONS de pierres » ou de bois, au dit pré neuf ou AUTRES PIÈCES de la dite » grange........ ; ils entretiendront les CLOISONS *des pro-* » *priétés....*»

Par bail emphytéotique perpétuel, du 22 décembre 1671, le même M. de Peyresc avait ajouté à son domaine de *Pierrerousse* une certaine étendue de terres, au *terroir de Simiane* (voir cet acte de 1671 et celui du 18 mai 1698 énoncé sous le n° IX ci-après)...

Pour des terres de la nature de celles de *Pierrerousse*, surtout à cette époque, la quantité de *semences et de bêtes de labour* exprimée ici suppose une superficie en culture de *quatre-vingts charges*, au moins ; le *bois*, dont il s'agit aux actes des 6 juin 1682, 7 et 8 janvier 1683, était donc bien loin d'être ce qu'il est aujourd'hui.

Ce passage indique: 1° que ce BOIS ne consistait alors qu'en des *chênes épars dans des terres cultes* ; — 2° que le domaine de *Pierrerousse* se trouvait placé hors du régime de certaines ordonnances du seigneur, notamment de celle du 20 avril 1668, où il est dit « *qu'on ne pourra cueil-* » *lir aucun gland dans* » *les terres ensemencées,* — *et qu'aucun habitant* » *des terres de Mgr le Duc* » *ne pourra avoir plus* » *de quatre chèvres.....* » Or, ce bail constate que M. de Peyresc en tenait, à *Pierrerousse* , vingt-trois! Voir page 71 ci-dessus.

M. de Peyresc se sentait bien PROPRIÉTAIRE ABSOLU de son domaine, — franc notamment de tous droits d'usage, — puisqu'il veut ici CLORE *les pièces et propriétés en dépendant! — Voir aussi le bail n⁰ 2 ci-dessus. Voir Merlin, Répert. Jurisp., vᵒ clôture.*

VI. — Du 24 mai 1688, même notaire, VENTE ou *bail en paye*, par *noble Aymé Lanfant, seigneur de Peyresc* (1),… à messire Annibal de Donnadey, lieutenant civil et criminel des soumissions au siége du comté de Sault,

« D'une bastide, dans le terroir du Revest, appelée
» PIERREROUSSE, consistant en bâtiments, *affard* et tène-
» ment de terres, et *généralement tout ce qui dépend de*
» *la dite bastide*, soit que ces biens soient dans le terroir
» du Revest-du-Bion, ou *partie dans le terroir de Si-*
» *miane*, sans réserve aucune…., dont les sieurs Rey
» sont mégers…., sous la *directe* de Mgr le duc de Les-
» diguières, seigneur dudit lieu, et à la *cense et services*
» que les dits biens se trouvent faire…»

Ici encore les deux parties sont étrangères à la commune du Revest.

Moyennant trois mille quatre cent cinquante livres six sols huit deniers, — compensés avec la dette contractée par M. de Peyresc envers le père de l'acquéreur….

Cette partie au terroir de Simiane avait été acquise par M. de Peyresc, par le bail emphytéotique du 22 décembre 1671. (Voir ci-dessus, n⁰ 5), elle a été plus tard revendue à un sʳ Fournon par M. Brochéry, suivant acte du 1ᵉʳ nivose an IX, notaire Barruol au Revest-du-Bion.
Qu'importe cette directe, qui, nous le savons, n'a certainement rien de commun avec la propriété foncière?

VII. — 24 décembre 1688, même notaire Barbier, VENTE par le même M. de Donnadey, à M. *Claude Avon, rentier des droits seigneuriaux*, du lieu du Revest-du-Bion, de « *la même bastide, affard* et tènement de terres,
» pré, haire et jardin, capitaux de semence, croîts en
» provenant, appelée PIERREROUSSE, tant dans le terroir
» du Revest-du-Bion *que de Simiane*, — et LA MÊME que

(1) Représenté dans cet acte par Honoré de Lanfant, son fils et son mandataire.

Cet autre acte du 24 *décembre* 1688, portant VENTE par *Honoré* de Lanfant à Donnadey, a été détruit par le temps; il n'a pu être découvert; heureusement il nous est parfaitement inutile.

Encore une fois, quand il s'agit de la PROPRIÉTÉ FONCIÈRE, qu'importe la *directe?* et qu'implique-t-elle autre chose que le droit *à la cense et aux services portés par les reconnaissances?*

On verra que le domaine de *Pierrerousse* est devenu, plus tard, la propriété de la famille BROCHERY, qui a toujours été *la seule* de ce nom au Revest-du-Bion; or, jusques vers l'année 1720 ou 1725, son nom était BROCHIER. Les terres qu'elle avait déjà au quartier de *Pierrerousse*, au moment des actes ci-contre, ont dû probablement être adjointes ou incorporées au domaine dont il s'agit.... Ce fait, si la preuve n'en était pas surabondante, pourrait être justifié.

En l'absence de tout *titre primordial de propriété universelle* sur la tête du seigneur, — qu'avons-nous besoin d'un titre émané de lui, directement ou indirectement? — Nous avons, néanmoins, déjà cité, — très-surabondamment, — un acte, celui du 18 décembre 1489, par lequel LE SEIGNEUR LUI-MÊME reconnaît que les *terres de*

» le dit lieutenant a acquise CE JOURD'HUI de Noble *Honoré* » de *Lanfant*, écrivant moi notaire soussigné, sans » réserve aucune de la part du dit Lieutenant, avec *les* » *confins qui s'y trouvent;*... sous la *directe* de Mgr le » duc de Lesdiguières, seigneur du dit lieu, à la cense » portée par les reconnaissances,... moyennant trois » mille cent cinquante livres,.... converties en une pen- » sion annuelle et viagère. »

VIII. — Le 30 avril 1694, deux actes reçus Me Barruol, notaire au Revest-du-Bion, portant VENTE au même *Claude Avon, fermier des droits seigneuriaux,* l'un : « d'une terre *de douze éminées en semence ou environ,* » au terroir du Revest, quartier de *Pierrerousse,* confi- » nant : du levant et du midi, terres de l'acheteur ; — » du couchant, terre de Jean Testanière ; et de bise, terre » de *Gilibert* BROCHIER ; — et l'autre, aussi d'une terre « sise au dit lieu, quartier de *Pierrerousse,* de la conte- » nance *de douze éminées en semence ou environ,* con- » finant : du levant, midi et couchant, terre du dit » acheteur ; — et de bise, terre de *Gilibert* BROCHIER !

IX. — Le 18 mai 1698, notaire Me Beauzin, à Aix, acte constatant qu'il a été fait vérification et *emplacement, sur les lieux,* PAR LE SEIGNEUR LUI-MÊME, ou son fondé de pou- voirs, des titres en vertu desquels M. Claude Avon, un des auteurs de la famille Peyron, possédait les terres du domaine de Pierrerousse, limitrophes du terroir de Si- miane, etc....

« En ce qui est, — y est-il dit, — du sieur Avon, il nous
» aurait montré l'extrait de son contrat d'achept de sa
» bastide de *Pierrerousse*, terroir du Revest, et ses biens
» de Simiane à lui vendus par noble Joseph Annibal de
» Donnadey, *lieutenant du siége et ressort du dit comté*
» *de Sault*, acte reçu par ledit Mᵉ Barbier... Il est vérifié
» que le dit sieur Avon usurpe *environ trois charges*, pour
» le moins, dont il s'est emparé après son contrat d'achept,
» pour n'estre comprises dans sa vente, *son commence-*
» *ment de batiment*, le tout aux endroits et confronts
» portés par LE NOUVEAU BAIL.... »

X. — L'article ou allivrement cadastral du sieur *Claude*
Avon, en marge duquel se trouve la mention : « *tenet le*
» *sieur Alexis Avon fils, le 4 octobre 1702,* » porte
littéralement ce qui suit :

« Claude Avon, à feu Esprit, bastimans, appelés la
» *verrière de Pierrerousse*, de 144 cannes, — cour, 48
» cannes ; — jardin, 100 cannes, — pré et aires, 1554
» cannes, et terres de 331 618 cannes, confrontant : *du*
» *levant, le chemin de Montsalier; — du midi, la par-*
» *tie* (ou limite) *du dit Montsalier; — du couchant, la*

Notes marginales :

Pierrerousse sont en d'AUTRES mains que les siennes ! — En voici un autre contenant, de sa part, un aveu tout semblable et non moins formel !!

Voir cet acte *d'achept* et celui du même jour, y énoncé, avec les désignations y contennes.

Ces *trois charges* retranchées, TOUT LE SURPLUS reste, de L'AVEU DU SEIGNEUR LUI-MÊME ou de son fondé de pouvoirs, présent à la vérification ou emplacement des titres, et à l'opération d'arpentage, la *propriété du sieur Avon*. — Il ressort d'ailleurs des termes de cet acte que ces *trois charges* sont au *terroir de Simiane* et servent à compléter la contenance portée au *nouveau bail*, ici mentionné, du 22 décembre 1671.

Cette mention marginale a dû être faite au décès du sieur Claude Avon, pour opérer le chargement de son fils Alexis.

Il paraît qu'il y a eu, à une époque plus ou moins ancienne, une *verrerie* à *Pierrerousse*, outre ce surnom de *verrière* ici donné à ses *bâtiments*: c'est indiqué par un grand nombre de fragments ou gouttelettes de verre fondu que l'on trouve, dans la terre, à l'entour des dits bâtiments. (1)

Toujours, ALORS (en

---

(1) Ce travail était sous presse lorsque nous avons appris qu'il existe aux
minutes de Mᵉ Estelle, notaire à Simiane, à la date de l'année 1674, un
acte par lequel M. de Peyrese, alors propriétaire de ce domaine (voir ci-
dessus) afferme EN SON NOM cette *verrière* ou verrerie, avec pouvoir de
l'exploiter au moyen des BOIS de ce même domaine, en recommandant au
fermier de *bien et dûment user de ces bois*, ou soit, en père de famille !!

<table>
<tr><td style="width:30%; vertical-align:top">

1702) comme AUJOUR-
D'HUI, les limites *de Si-
miane* et *de Montsalier*,
le *chemin de Montsalier*
pour confronts !

Ils embrassent presque
tout le domaine des côtés
levant, midi et *couchant.*
(Voir les lieux).

Dix-huit charges de
différence, depuis l'acte du
8 décembre 1653 (n° 1er
ci-dessus) ; — depuis lors,
sans doute, ce domaine
s'était agrandi de nouvel-
les acquisitions, — comme
celles faites par AVON en
1694 (voir n° VIII ci-des-
sus)..... Après tout, de
quel droit le seigneur qui,
encore une fois, n'a pas
l'ombre *d'un titre pri-
mordial,* pourrait-il exi-
ger la représentation des
titres de ces nouvelles
acquisitions ?

Invariabilité des con-
fronts *levant, midi* et
couchant; alors comme de
nos jours, c'étaient le
CHEMIN DE MONTSALIER
et les terroirs DE SIMIANE
et DE MONTSALIER ! Puis,
divers particuliers, parmi
lesquels JAMAIS le sei-
gneur, et TOUJOURS le
sieur *Brochier* ou Bro-
chéry, un des auteurs de
celui qui, un peu plus
tard, a été propriétaire de
Pierrerousse et a pu y
adjoindre les terres qu'il
avait peut-être encore au
quartier de ce nom........
« *les compoix* ou cadas-
» tres, dit Despeisses déjà
» cité, page 116 ci-dessus,
» *commencés avant le*
» *procès, font* PLEINE FOI
» *pour prouver les bor-*
nes ou limites (ou soit la
consistance de l'immeu-
ble.) » — Or, est-il possible

</td><td style="vertical-align:top">

» *partie de Simiane ; du septentrion, terres de Thomas*
» *Maurel Jean Monier, Estienne Eymieu, Gillibert*
» BROCHIER, *Jean Esprit Michel, Joseph Maurel* ET *Bar-*
» *thélemy Barruol ; — en semence quatre vingt huit*
» *charges six éminées ; quatre charges, au bon ; —*
» *quatorze charges, médiocre ; — le reste pire ; —* LE
» TOUT ACQUIS DU Sr A. PEYRESC... »

XI. — A un autre endroit du même terrier ou *cadastre*
du Revest-du-Bion (dont la confection paraît dater du mi-
lieu du XVIIe siècle) se trouve littéralement ce qui suit :

« Allivrement de la bastide de PIERREROUSSE, *appar-*
» *tenant alors* (vers 1702) *à Alexis Avon.*

» *Voyez ci-après.*

» Bastide, escours et jardin, et terres au quartier de
» PIERREROUSSE, CONFRONTANT : du LEVANT, terre de Lau-
» rent Bagnol, CHEMIN DE MONTSALIER, et terre de Jean
» Esprit Michel ; — du MIDI terroir de MONTSALIER et celui
» de SIMIANE ; du COUCHANT, terroir de SIMIANE ; — du
» NORD, terres du dit Jean Esprit Michel en deux parts,
» — terres de Vincent Barruol, Mathieu Monier, de Jean
» Étienne Santon, de Gillibert BROCHIER (ou *Brochéry*),
» des hoirs de Jean Gondran et d'Urbain Payan ; — con-
» tenant: l'assiette des bâtiments 107 cannes et les escours
» 203 cannes, le jardin 152 cannes, 4 poignadières ¼,
» l'haire deux éminées une poignadière ½, — pré, une
» charge, deux éminées, quatre poignadières, la terre

</td></tr>
</table>

» 527 629 cannes, *faisant en tout environ* 78 à 79
» *charges* d'étendue....»

XII. — Au même endroit de ce cadastre et *en marge*
de l'allivrement ci-dessus, on lit :

« Décharge le présent, *tenet* et charge le sieur Jean-
» Baptiste Brochéry, comme héritier de demoiselle Marie-
» Anne Brochéry, veuve Avon, suivant le *testament* reçu
» M⁰ Gaufridy, notaire à Apt, et par la *transaction* passée
» entre M. François Avon, avocat du lieu de Roussillon,
» et M. Jean-Baptiste Brochéry ; le tout reçu par le dit Me
» Gaufridy, notaire en la dite ville, le tout en sa date. —
» Ce jourd'hui 12 novembre 1785. — *Vuide* au *folio* 72.
» — l'a signé Brochéry......»

C'est à ce *folio* 72 qu'on voit ce qui suit :

« M. Jean-Baptiste Brochéry.

» Bastide à PIERREROUSSE,	107 cannes
» Cour,	205
» Jardin,	152
» Aire,	546
» Pré,	2 625
» *Terres*,	527 629

(1) « Lorsqu'il n'appert pas du contrat d'inféodation, la noblesse d'un
» fonds peut être prouvée par *un seul hommage*...» Despeisses, *des tail-*
les, tom. III, tit. II, § 37. — Voir les aut. cités par lui en cet endroit.

de décrire ces limites avec plus de précision et de soins que les extraits cadastraux que nous rapportons ici textuellement !

La *charge en semence* avait donc, — nous dira-t-on peut-être, — plus de trois mille cannes, contrairement à ce qui est entendu en l'acte du 18 mai 1698 ? Et pourquoi pas, si, depuis lors, le terrain, par défaut de culture ou autre cause, est devenu de qualité pire ? Voir ci-dessus, pages 107 108 et 109.

Il est hors de doute que les terres de *Pierrerousse*, qui composaient l'ancien *mandement* ou *fief*, de ce nom, ont dû être, à une époque plus ou moins reculée, possédées *noblement*, puisqu'elles étaient sujettes à *foi et hommage* (1) (voir ci-dessus page 120), et qu'alors elles n'étaient point *encadastrées* ou soumises à l'impôt ; — étant venues, dans la suite des temps, en des mains roturières, elles ont dû être, sans réclamation (Despeisses, *des tailles*, tom. 3, tit. 3, sect. 1ʳᵉ, §§ 21 et 34), inscrites au *compoix* ou cadastre et y demeurer définitivement. Voir le même aut. Ibid. tom. 3, tit. 2, sect. § 37. — Loysei, liv. 1, tit. 1, règle 9. — Guid. pap. quæst. 384, Ann. Bar....)

Le total des *cannes* carrées ici exprimées forme une contenance supérieure de 12 hectares environ à celle que la famille Peyron possède aujourd'hui à *Pierrerousse* ; où donc est L'USURPATION ici ?

Ce testament a été insinué et contrôlé à Apt, le 27 avril 1767.

Alexis Avon tenait le domaine de *Pierrerousse* de Claude, son père.

Le propriétaire des terres de *Pierrerousse* entend-il ici que les BOIS et arbres y radiqués soient la PROPRIÉTÉ DU SEIGNEUR !!!
Entend-il, oui ou non, posséder *cum animo domini !!!*

Contrôlé et insinué à Viens, le 23 août 1773.

Dans cette succession figure la bastide de PIERREROUSSE avec son *affard* de terres, etc...

Toujours même possession *cum animo domini*, évidemment pour les terres du domaine comme pour les *bois et arbres* y radiqués !
Il dépendait encore alors du domaine de PIERREROUSSE les terres au terroir de Simiane, emphytéosées à M. de Peyresc en 1671 (voir ci-dessus.)

XIII. — 5 septembre 1765, notaire Mᵉ Mezard, à Apt, *testament* d'Alexis Avon, fils de Claude, instituant *son héritière universelle* dame Catherine Suzanne Françoise Avon, sa fille, épouse de M. Joseph Peytavin, de Saint-Martin-de-Castillon, — sous l'usufruit à Marie Anne Brochéry, sa veuve.

XIV. — Le 17 octobre 1764, notaire Mᵉ Madon, à Viens, — *bail* par le dit Joseph Peytavin, au nom de sa dite épouse née Avon, — à sieur Claude Barruol, du Revest-du-Bion, « de la bastide de *Pierrerousse* et son » *affard* de terres, pré, BOIS et *hermes*...»
Recommandation expresse au fermier « *d'avoir soin* » *des arbres fruitiers et autres* » du tènement.....

XV. — 28 juin 1765, Lazare, notaire à Viens, — *testament* de Catherine Suzanne Françoise Avon (décédée sans postérité en 1775), portant legs de l'usufruit de ses biens à Joseph Peytavin, son mari, et institution d'héritier au profit d'Ignace François Avon, de Roussillon, avocat en la Cour. — Legs de mille livres à Marie-Anne Brochéry, veuve Avon, sa mère.

XVI. — Du 29 novembre 1769, acte reçu Mᵉ Estelle, notaire à Simiane, *bail à ferme* par le dit Joseph Peytavin pour sa dite épouse, à sieur Joseph Barruol, du Revest,
« De la bastide et son *affard* de terres, pré, BOIS et » HERMES, haire, jardin et tout ce qui en dépend, appelée » PIERREROUSSE, située au terroir du Revest-du-Bion, et » *partie à celui de Simiane ;....* promet, le dit rentier, » *d'avoir soin des arbres*, etc.

XVII. — Le 21 avril 1777, acte de Me Gaufridy, notaire à Apt, TRANSACTION portant désemparement par le dit Ignace François Avon à la dite dame Marie Anne Brochéry, veuve Avon, de la bastide de PIERREROUSSE, estimée 5 200 livres, — en paiement de ses legs et reprises sur la succession de l'épouse Peytavin, sa fille (voir le n° XV ci-dessus). «…. Et premièrement, y est-il dit,
» a été convenu que le dit héritage, estimé par amis
» communs des parties, article par article, consiste en la
» susdite bastide et son tènement de terres, prés, haire,
» jardin, BOSQUET, dite de PIERREROUSSE, aux terroirs du
» Revest, Simiane et MONTSALIER; en quoi que le tout
» consiste et puisse consister, *de la contenance portée*
» *par les livres terriers des communautés des dits*
» *lieux…*»

La famille Peyron ne croit pas avoir jamais rien possédé à MONTSA-LIER, qui ne serait donc mentionné que *par erreur* ? — Qu'importe, au reste, le oui ou le non sur ce point?

Nous connaissons la contenance que le cadastre ou *livre terrier* du Revest donne aux terres du domaine de *Pierrerousse,* sises dans cette commune.

XVIII. — Les États de section, dressés en 1792, ne portent, au nom de la famille de Neuville-Villeroy (l'ancien seigneur), dans la commune du Revest-du-Bion, que quelques terres *cultes*, un pré et une maison et PAS DE BOIS.

Or, par l'acte du 22 messidor an XI, mentionné ci-dessus (page 56), la famille de Villeroy ou son ayant droit (M. Magnan), vend au sieur Barruol, du Revest-du-Bion, *tous les immeubles* qu'elle a dans cette commune, même *les bois et défends, s'il y en a,* et AINSI QUE LE TOUT EST AUX ÉTATS DE SEC-TION de cette localité, auxquels les parties se rapportent (1)!

(1) Le sieur Barruol, originaire du Revest et y ayant toujours habité, — ayant des terres attenantes au domaine de Pierrerousse ! pour lesquelles il a procédé avec la famille Peyron à une opération de bornage, en 1844, — ayant même signé, comme expert et comme témoin, un acte de bail, (voir ci-après n°   ), dans lequel cette famille stipule des prohibitions sévères pour la conservation des bois qu'elle a dans ce domaine, — le sieur Barruol, disons-nous, savait bien que l'hoirie de Villeroy *n'avait rien à prétendre sur ces bois,* et ne pouvait lui avoir transmis ce qu'elle n'avait pas ! Aussi n'a-t-il jamais osé formuler la moindre prétention quant à ce !! — Voir cependant le parti qu'il a tiré de cette position à l'encontre des ayants droit actuels de la famille de Villeroy (page 56 ci-dessus).

XIX. — Le 15 frimaire an IX, acte reçu Me Barruol, notaire au Revest-du-Bion,

TRAITÉ sur la succession de feu M. Jean-Baptiste Brochéry, qui, par testament devant Me Gaufridy, notaire à Apt, (n° XII ci-dessus), avait hérité de dame Marie-Anne Brochéry, veuve Avon, sa sœur, entre MM. Frédéric et Gonzague Brochéry, ses deux fils.

« M. Frédéric Brochéry cède et désempare à son dit
» frère, en paiement de ses droits paternels, une bastide,
» au terroir de ce lieu du Revest, section de *Pra-de-pays*,
» appelée PIERREROUSSE, consistant en bâtiments, four,
» citerne, pré, jardin, terres *cultes et incultes*, et géné-
» ralement *tout ce qui en dépend ;* — à l'exception du
» bien dépendant de la dite bastide située au terroir de
» Simiane, que le dit Brochéry ainé se réserve,

« Moyennant douze mille livres, à quoi les parties ont
» évalué la dite bastide..., où le dit Gonzague Brochéry
» *a fait de grandes réparations, plantations et enclos.* »

C'est cette partie du domaine sise au terroir de Simiane, que le même M. Brochéry aîné a vendue par acte du 1er nivôse an IX, même notaire.

XX. — Le 15 octobre 1806, *jugement* du juge de paix de Banon, portant condamnation, au profit du dit M. Frédéric Brochéry, — contre un particulier du Revest-du-Bion, « pour avoir coupé environ TRENTE BALI-
» VEAUX de chênes blancs dans le bois de PIERREROUSSE. »

Voir aussi les n°s XXII et XXIV ci-après.
Possession *cum animo domini.*
TRENTE BALIVEAUX : voir l'enquête mentionnée page 118 ci-dessus, en note, et le n° V ci-dessus.

XXI. — Le 15 avril 1817, acte sous seing privé, — enregistré à Banon le 27 décembre 1824, portant *bail à ferme* par le dit M. Frédéric Brochéry à Joseph Laval, « d'une bastide et ses dépendances, terres cultes et incul-
» tes, BOIS, prés et bâtiments, au Revest-du-Bion, appe-
» lée PIERREROUSSE.... » (Clauses très-sévères pour la

Tous les actes de la famille Peyron démontrent cette possession d'une manière incontestable !

conservation des bois et arbres du domaine, et surtout *des jeunes arbres.*)

XXII. — Du 1er septembre 1819, *trois jugements* du juge de paix de Banon, contre divers individus, qui, — s'autorisant du souvenir des dévastations opérées dans les bois de *Pierrerousse* à la faveur des troubles révolutionnaires, — prétendaient exercer certains usages, et y avaient coupé des *branches et ramées de chênes...*

Nouveaux actes de possession cum animo domini, *de la part de la famille Peyron, spéciaux* aux bois de son domaine! *Les habitants du Revest n'ont jamais eu aucun droit d'usage dans ces bois.*

XXIII. — Le 20 septembre 1819, demande par la famille Peyron ou son auteur, à fin d'autorisation de faire une coupe dans le bois de son domaine de *Pierrerousse*; — et le 23 du même mois, même année, autorisation donnée par le Directeur des domaines, suivant l'ordonnance royale du 18 août 1816.

Qui pourra donc se méprendre sur le caractère d'une possession ainsi exercée — sans opposition de personne?

XXIV. — Le 26 février 1823, sur la demande du dit M. Frédéric Brochéry, le tribunal civil de Forcalquier, jugeant correctionnellement, condamne divers individus, pour délits par eux commis *dans le bois de Pierrerousse,* « PROPRIÉTÉ, y est-il dit, APPARTENANT AU DEMANDEUR.....»

Ce jugement et ceux qui précèdent sont passés en force de chose jugée. La famille Peyron a donc toujours fait respecter sa propriété sur les bois de son domaine de Pierrerousse, *et rien n'a égalé sa surprise et son étonnement lorsque,* POUR LA PREMIÈRE FOIS, *en 1837, elle a entendu formuler les prétentions des ayants droit de l'ancien seigneur!*

XXV. — Le 15 septembre 1831, autre *bail* sous seing privé du même domaine de PIERREROUSSE, avec les terres cultes et incultes et BOIS en dépendant au sieur Joseph Laval. — Toujours les clauses les plus sévères *pour la conservation des bois et arbres* du domaine...

Le sieur Laval est décédé depuis environ vingt ans.

XXVI. — Le 28 octobre 1839, par acte sous seing

privé, enregistré à Carpentras le 2 novembre suivant, VENTE par M. Frédéric Brochéry à Madame Marie Julie Brochéry, veuve Peyron, sa fille, *du domaine de Pierrerousse et de toutes ses dépendances,* — en paiement des reprises de défunte dame Julie Morard, sa mère, épouse dudit M. Brochéry.

XXVII. — Le 26 octobre 1845, *bail* à ferme par la dite dame veuve Peyron, au sieur Seignon, du même domaine de *Pierrerousse,* contenant encore les clauses les plus rigoureuses pour la conservation des bois en dépendant.

Cet acte se termine ainsi :

» Les présentes faites à double, et, parce que le dit Seignon est illettré, *signées pour mémoire et attestation* » *de la vérité de tout ce que dessus* par deux amis com- » muns des parties, *lesquels ont assisté et coopéré offi-* » *cieusement aux accords de celles-ci....*»

Un de ces *témoins* ou *amis communs des parties* est précisément le sr Barruol, acquéreur ou AYANT DROIT DE L'ANCIEN SEIGNEUR depuis l'an XI, et duquel nous pouvons dire, à présent plus que jamais, qu'il savait bien que la famille Peyron entendait posséder les bois de Pierrerousse A TITRE de PROPRIÉTAIRE, *cum animo domini !*

XXVIII. — Le 11 octobre 1851, par acte de Me Constantin, notaire au Beausset (Var),

Donation-partage par Madame veuve Peyron née Brochéry, à MM. Peyron (Amédée, — Auguste, — Henri et Alfred), ses fils, « du domaine de PIERREROUSSE, au » quartier de ce nom, consistant en bâtiments d'habita- » tion et d'exploitation, cours, jardins, four, écuries, pré, » terres labourables, *vagues, hermes et bois,* — essen- » ces de chênes-blancs, figurant à la matrice cadastrale » pour une contenance totale de 121 hectares, 31 ares, » 95 cent. »

Telle est la série, telle est la filiation des titres de la famille Peyron! Quand on réfléchit que ses adversaires n'ont *pas même l'ombre d'un titre primordial de propriété foncière universelle,* surtout en ce qui touche l'ancien mandement ou fief de Pierrerousse, on se demande si c'est bien sérieusement et non point seulement dans un esprit d'aveugle chicane, qu'ils prétendent à la propriété des bois du domaine de ce nom!! — On se demande s'il y a, au monde, beaucoup de domaines pour lesquels il serait possible de réunir une pareille masse de titres, de documents et de témoignages de toute sorte ; et si, alors même qu'un *titre primordial* serait par eux représenté, — ce qui n'est pas et ne peut pas être (ainsi que l'attestent tous les éléments de la cause attentivement étudiés), — la prétention de MM. Roux et Gavot cesserait d'être une vraie chimère !! Certes on ne s'étonne point que M. le juge de paix de Banon ait rendu en notre faveur le jugement de *maintien en possession,* du 11 décembre 1833 !!!

Dans une pareille situation, aurons-nous besoin de recourir à l'argument *héroïque* de la prescription, et sera-t-il, le moins du monde, nécessaire d'user des moyens surabondants que nous avons d'établir soit celle de trente ans, soit celle de dix ou vingt ans avec juste titre et bonne foi ?

Voilà donc un premier échantillon des prétentions de nos contradicteurs ; on nous accordera, tout au moins, qu'il témoigne bien de leur courage et même de leur audace ! — En voici un second.

§ II. — LES BOIS ET ARBRES DE L'ANCIENNE SEIGNEURIE DE REDORTIERS.

Parmi les diverses communes dont les ayants droit de l'ancien seigneur convoitent les bois, ou particuliers ou communs, se trouve celle de *Redortiers*, — la plus pauvre de toutes — et la plus abandonnée, puisque jusqu'ici l'administration supérieure n'a RIEN FAIT, que nous sachions, pour lui venir en aide au milieu de toutes les vexations auxquelles elle est en butte depuis bien des années déjà, et qui tendent à la dépouiller peu à peu non-seulement de son droit de propriété, mais encore de ses moindres usages dans tous les *bois communs* de son territoire ! — Et pourtant, ses adversaires sont dépourvus de tous titres capables de détruire, le moins du monde, la présomption puissante qui, en Dauphiné et en tous pays de franc-alleu ou de droit écrit, fait reposer la PROPRIÉTÉ PRIMITIVE *des bois communaux* sur la tête des communes (Voir page 7 ci-dessus et   ci-après) ! Un examen rapide des principaux actes et documents que l'on oppose à cette malheureuse commune et à ses habitants ou possédants bien, suffira pour nous en convaincre.

Dans les actes des 19 février 1604 et 11 mars 1605, qui ont transmis la *seigneurie* de Redortiers au comte de Sault, la *chose* vendue à ce dernier consiste PRINCIPALEMENT en *censes, censives, tasques, droits de lods,* etc.; tous droits qui, à l'égard du seigneur, sont EXCLUSIFS de la propriété du sol, ou soit du *domaine utile,* comme

dérivant TOUS, soit de la concession originaire des fonds,
soit, plutôt, puisqu'il s'agit de Redortiers qui dépendait
de l'ancien Dauphiné, — du fait de cette susdite soumission volontaire, de la part des possesseurs d'*alleux,* aux
droits ou services d'un seigneur en échange de sa protection.

Le premier de ces deux actes, en conférant au duc
de Lesdiguières la *moitié* de la dite seigneurie, *ne
mentionne même nominativement aucun* BOIS ; au contraire, il est *exclusif,* dans ses termes, d'une semblable propriété, en ce qu'il comprend, dans l'objet aliéné,
des droits de GLANDAGE et de PATURAGE ; car, en disant
que le seigneur acheteur aura des droits de *glandage* et
de *pâturage* dans la forêt du lieu, c'est sous-entendre
qu'il n'en aura point la toute propriété, qu'il n'y aura
point d'autres droits que ceux-là, « *inclusio unius, ex-*
» *clusio alterius.*»

Il est vrai que le second de ces mêmes actes, qui transfère *la seconde moitié* de la seigneurie, mentionne expressément des *bois ;* mais cette mention n'est point telle
qu'il en résulte nécessairement que TOUS *les bois,* compris
dans cette seconde moitié, sont vendus au duc de Lesdiguières ; TOUS *les bois* ne lui sont pas mieux transférés
que TOUS *les prés,* TOUTES *les terres,* TOUTES *les maisons,*
qui sont pourtant énoncés dans la même phrase : « *fours,*
» *moulins,* BOIS (1), *censes, tasques, corvées, maisons,*
» *prés,* terres ..»

Les *trente saumées* de terre *gaste* que le vendeur se
réserve, dans ce second acte, n'ont pu, *de nécessité*

---

(1) Ces bois ainsi mentionnés sont probablement ceux dits de la *Ponche,*
que le seigneur a toujours possédés et dont il a disposé sans opposition de
personne ...

rigoureuse, être prises par lui que sur ce qui lui appartenait, sur ce qu'il vendait, c'est-à-dire sur la *moitié* de la seigneurie de Redortiers ; — cette étendue de *trente saumées de terre gaste* n'est donc point devenue la propriété du comte de Sault, et il faut la déduire de cette *seconde moitié* par lui acquise en l'acte de 1605.

Très certainement, ÉVIDEMMENT, ces deux actes ne constituent point du tout le seigneur *propriétaire foncier* DE L'UNIVERSALITÉ ni des *bois*, ni, encore moins, des terres ou autres immeubles du terroir de Redortiers. — Voir, au surplus, l'article IX de la loi du 28 août 1792, — page 29 ci-dessus.

D'ailleurs, cette interprétation, *rigoureusement juste*, des actes d'acquisition de 1604 et de 1605, se trouve bien plutôt confirmée que contredite par la reconnaissance du 15 décembre 1693, à laquelle, SEULE, il faut se rapporter, et non à celle du 13 janvier 1782, qui lui est de beaucoup postérieure. Voir pag. 26 et 27 ci-dessus.

En effet, 1° il n'est dit, dans aucun passage de cette reconnaissance de 1693, que le seigneur soit PROPRIÉTAIRE des *bois et forêts* de Redortiers, et que les habitants n'en soient *qu'usagers*, et cet acte le dirait-il en propres termes, que ce serait chose fort indifférente, étant de principe invariable et certain, en pays de *franc-alleu* et notamment en Dauphiné, que les actes de reconnaisance par les communautés et habitants, aveux, dénombrements, etc., ne prouvent rien contre eux pour le domaine utile,» voir pages 26 ci-dessus et   ci-après ; — 2° la communauté de Redortiers n'a besoin de faire aucune déclaration au greffe pour couper, sur son territoire, le *bois* qui lui est nécessaire ; et, pour exercer ses *facultés*, *jouissances et usages*, dont on remarque de suite, dans cet acte, *l'étendue* et la *grande importance*, elle ne paie aucune *cense* ni *redevance* ; car, ainsi que cela résulte des termes de cette reconnaissance, il n'en est imposé aux habitants qu'à cause du droit de *pâturage et de glandage*, qui, suivant l'acte de 1604, appartiendrait au seigneur, non-seulement dans les *bois* qui sont la propriété de *l'universalité* des habitants, mais encore sur les *arbres et bois* radiqués dans les *possessions privées*, — bois et arbres, que la même reconnaissance de 1693 déclare pourtant appartenir aux possesseurs : «..... à la » réserve des CHÊNES ÉTANT AUX PRÉS ET TERRES LABOURA-» BLES ET CENSÉS DES DITS HABITANTS..... — ...... Mon dit » seigneur et ses successeurs, dit encore cet acte de 1693, » pourront faire voir et estimer le GLAND DES BOIS ET FONDS » du dit Redortiers...; » ce qui ne rend pas plus le seigneur *propriétaire* des bois radiqués en dehors de ces fonds, que des bois et arbres qui y végètent ; — 3° enfin, est-il besoin de dire, après toutes nos explications, que, quant aux *prohibitions et autres mesures de conservation* relatives aux bois du terroir de Redortiers, — les quelles concernaient tout aussi bien les arbres radiqués dans les *possessions privées* (n'était-ce que pour les droits de *glandage* et autres droits purement *féodaux*, appartenant au seigneur et dérivant de la seule directe, comme il a été dit), — que ceux qui étaient en dehors de ces possessions, elles ne rendaient pas mieux le seigneur propriétaire des uns que des autres ?

Et pourtant, à Redortiers, comme dans toutes autres communes qui étaient au nombre des seigneuries de l'ancien comté de Sault, — disons mieux : BIEN PLUS A

Redortiers qu'en toutes autres localités, — les ayants droit du seigneur se prétendent *propriétaires*, presque absolus, des bois et forêts de tout le territoire, au point de réduire presque a rien les facultés et usages de la commune, qui est pourtant, *preuves et titres en main,* le véritable propriétaire des bois de son territoire non possédés par les particuliers!!!

Encore une fois, quant à cette pauvre commune de Redortiers, — qui, à coup sûr, ne pourra succomber que faute d'être secourue et soutenue par ses appuis naturels et de droit, — que si ces derniers persistent à la laisser toujours sans défense et en proie à vos vexations, à vos envahissements de toute sorte, — n'essayez-vous point de vous prévaloir des termes de la reconnaissance générale du 15 janvier 1782, puisqu'elle est de beaucoup postérieure à celle du 15 décembre 1695, — qui, loin d'être, comme la précédente, favorable à vos prétentions, les condamne, au contraire, et doit, par ce seul motif, lui être préférée! (Voir pages 26 et 27 ci-dessus).

Et vous osez vous dire propriétaires à peu près absolus des bois et forêts de Redortiers, voire même des *chênes étant aux prés et terres labourables,* — lesquels chênes, de l'aveu formel du seigneur lui-même, votre auteur (voir la reconnaissance de 1695,) sont censés appartenir aux habitants, *ut singuli,* — de même que ceux radiqués dans les terrains possédés, non à titre privé mais en commun, étaient, de droit, en Dauphiné, présumés, *censés* appartenir aux habitants *ut universi !* — Quels titres avez-vous donc pour détruire une pareille présomption et pour vous substituer ainsi à la commune ! de grâce, veuillez nous le dire ! (Voir articles 8 et 9 de la loi du 28 août 1792)....

CONCLUSION.

Les ayants droit de l'ancien seigneur, pour se prétendre *propriétaires* des bois radiqués dans les diverses localités dont il s'agit, surtout de ceux qui vivent dans les possessions privées, ne peuvent aucunement se prévaloir des énonciations diverses portées aux *transactions*, *reconnaissances*, générales ou particulières, *règlements*, *ordonnances*, *baux emphytéotiques*, etc., relatives à la conservation de ces bois et forêts, en général ou en particulier ; il en est de même des demandes *en permission d'abattre*, poursuites en répressions de délits, etc., etc., puisque tout cela n'était que l'exercice d'un droit de *directe universelle*, — droit purement *féodal* et non de *propriété foncière*, — puisque tout cela n'était que la conséquence de l'emphytéose originaire, ou plus exactement, en pays de droit écrit et surtout en Dauphiné, *de ce que le possesseur d'un* ALLEU *s'était soumis aux droits du seigneur pour s'assurer protection* (PRÆSIDII CAUSA), — puisque tout cela s'explique d'une manière concluante, décisive et contraire à une pareille prétention.

Pour pouvoir être *présumés*, en droit, PROPRIÉTAIRES de ces bois, il faudrait qu'ils établissent : 1° que, par ces énonciations, — restrictions et défenses relatives à ces mêmes bois, le seigneur *entendait s'en réserver la propriété*, de manière à n'aliéner jamais que les terrains où ils étaient radiqués ; — et 2° que ce dernier a été originairement fondé en *titre de propriété universelle ;* or, ni l'une ni l'autre de ces deux conditions, TOUTES DEUX SIMULTANÉMENT NÉCESSAIRES, n'est justifiée par les ayants droit de l'ancien seigneur.

C'est donc à eux, comme à quiconque élèverait des prétentions sur *la propriété d'autrui*, à justifier, — par d'autres titres que ceux produits jusqu'ici, — de leurs prétentions sur les *bois* et *arbres* radiqués dans nos fonds. — En attendant qu'ils fassent cette justification ou cette preuve, nous devons, au nom du droit commun le plus incontestable, être maintenus dans la libre et paisible possession de ces bois et arbres, ENVERS ET CONTRE TOUS, ni plus ni moins que si tout autre habitant ou possédant bien de la commune venait prétendre que ces bois et arbres lui appartiennent.

APPENDICE.

CONSULTATION DE M. TH. AUZIAS,

Avocat à la Cour impériale de Grenoble.

« Vu les notes transmises par M⁰ Peyron sur le procès qu'il soutient contre les représentants des anciens seigneurs de la vallée de Sault ;

» Vu un arrêt du parlement de Grenoble, du 22 août 1726, au sujet duquel un avis est spécialement demandé ;

» En fait, la famille Peyron possède, sur la commune du Revest-du-Bion, le domaine dit de *Pierrerousse*, d'une contenance de 121 hectares (environ), y compris un bois ou forêt ;

» Depuis des siècles, ce domaine a été possédé par des propriétaires autres que le seigneur, si jamais celui-ci en a eu la propriété ou domaine utile, — ce qui ne résulte de rien.

» Une transaction du 18 décembre 1489, où le seigneur est en qualité, et qui est citée au dit arrêt, énonce

19

que les terres de PIERREROUSSE *ont été acquises par les frères Barruol de prudhomme Guillaume Jarjaye, de la ville de Sault.*

» Le 24 décembre 1688, le sieur Aymé de Peyresc vendit ce domaine au sieur Claude Avon, qu'on en voit chargé dans un parcellaire ou *allivrement cadastral* du mois d'octobre 1702. — D'autres actes de vente l'ont ensuite transmis aux auteurs de la famille Peyron.

» En 1837, POUR LA PREMIÈRE FOIS, le sieur Perre, subrogé aux droits des anciens seigneurs, éleva des prétentions sur les bois formant partie intégrante du dit domaine, et sur lesquels il ne ressort de rien que les seigneurs eux-mêmes eussent rien prétendu avant 1789.

» En 1838, on le fit assigner pour qu'il eût à montrer les titres qu'il entendait avoir. Une instance se lia, mais elle fut interrompue ; les biens du sieur Perre furent vendus, et ce sont les adjudicataires qui soutiennent aujourd'hui le procès.

» Il paraît que leur système consiste à dire que les comtes de Sault étaient propriétaires de tous les bois de la commune du Revest-du-Bion : — que cela résulte surtout de l'arrêt du parlement de Grenoble ci-dessus rappelé, et que la famille Peyron, ainsi que tous les autres habitants, n'a que la qualité d'*usager*, même sur les bois qui font partie de sa propriété de *Pierrerousse*.

» L'avocat soussigné ne pense point que ce système puisse aucunement ébranler les droits de la famille Peyron.

» D'abord celle-ci a la pleine possession et jouissance des bois dont il s'agit ; — elle en perçoit tous les produits et en paye seule les impôts, c'est-à-dire que sa possession

est parfaitement caractérisée à titre de maitre. Rien n'y
ressemble à la possession précaire d'un usager, qui ne
peut prendre que ce qui est exigé pour ses besoins, qui
doit demander des délivrances et qui ne paye, au plus,
qu'une portion des impôts.

» Il s'en suit que, pour ébranler cette position, ses
adversaires sont obligés de prouver que la propriété est
sur leur tête, et que, par *un titre primitif*, leurs auteurs
ne lui ont cédé que des usages. Ce n'est qu'après cette
preuve faite qu'ils seraient recevables à exiger d'elle la
justification d'un titre plus ample ou d'une prescription
par interversion de titre.

» Or, dans tout ce qui est connu du soussigné, il n'y
a rien qui autorise à lui faire une pareille situation.

» Les ayants droit du seigneur concluent, d'une réunion
de titres anciens, que celui-ci était propriétaire généralement de tous les bois ; mais, en premier lieu, il s'agit ici
de la commune du Revest-du-Bion, qui était du Dauphiné
et régie dès lors par les principes et règles propres à
cette province.

» Selon ces règles, les communes en possession de
leurs bois communs, étaient présumées en avoir eu la
propriété primordiale, tout comme les particuliers sont
présumés avoir eu de tout temps, par leurs auteurs, la
propriété de ce qu'ils possèdent aujourd'hui : *præsumitur
de præsenti ad præteritum, ut quod est in præsenti,
etiam fuisse tempore præterito.*

» C'est dans ce sens que Dunod et autres auteurs disent
avec raison que celui qui a un titre avec possession
actuelle est censé avoir droit de ceux qui ont possédé

dans les temps les plus reculés, et leur avoir succédé à quelque titre. *(Des prescript.* pag. 19.)

» Vis-à-vis des communes, ce point de droit a été solennellement débattu et jugé à Grenoble, puis à la Cour de Cassation; de telle sorte qu'après quelques hésitations dans les premiers temps, on n'a même plus la pensée de le contester, on y tient non-seulement qu'il en est ainsi, c'est-à-dire que le seigneur avait besoin de prouver sa propriété par titre ou prescription, selon le droit commun, — mais encore qu'il ne pouvait présenter comme titres des actes relatifs à son domaine seigneurial, direct ou supérieur, tels que *dénombrements, reconnaissances, hommages, aveux,* etc....

» Ces matières durent être examinées à fonds à l'occasion des graves procès intentés par M. de Belmont contre un grand nombre de communes; et les procès à ce sujet commençaient précisément à l'époque où le sieur Perre était venu tenter de fonder à Grenoble une société pour l'exploitation de ses forêts et fonderies de la vallée de Sault et de Rustrel. M͏ᶜ de Ventavon aîné était son avocat et celui aussi de M. de Belmont. Il pensa que l'un et l'autre étaient fondés à se dire propriétaires des bois, et le 10 mai 1842, il rédigea pour M. Perre une consultation dans ce sens. *Il l'appuya, notamment, de plusieurs arrêts des Cour d'Aix et de Nîmes,* qui paraissaient avoir déjà ainsi résolu la question et qui durent déterminer, sans plus ample examen, quelques autres avocats, dont on demanda l'adhésion, à donner aussi leur signature.

» En même temps se plaidait, au tribunal, contre les communes du mandement de Varces, le premier procès de M de Belmont, dont Me de Ventavon fit accueillir les demandes par jugement du 15 juin suivant.

» L'honorable avocat qui avait plaidé en première instance pour les communes étant décédé, le soussigné fut chargé de leur défense devant la Cour. Le jugement fut réformé par arrêt du 3 juin 1843 ; M. de Belmont fit recevoir son pourvoi en cassation par la chambre des requêtes, mais il fut rejeté à la chambre civile, aux termes d'un arrêt du 25 janvier 1848, ainsi conçu :

« Attendu que, dès les temps les plus reculés, l'an-
» cienne province du Dauphiné a été un pays de *franc-*
» *alleu;* que ses franchises ont été expressément réser-
» vées par les traités qui l'ont réunie à la France ; —
» qu'elles ont même été maintenues par des ordonnances
» formelles de nos rois, et qu'ainsi tous les fonds étaient
» réputés libres, s'il n'y avait titre ou possession contraire
» qui les asservit ;

» Que le demandeur n'allègue et ne peut alléguer
» aucune possession, à quelque époque que ce soit, des
» bois et pacquerages qu'il réclame, qui n'ont pas cessé
» d'être des biens communs entre les habitants ; — qu'il
» ne justifie non plus d'aucun titre qui lui en attribue la
» propriété ;

» Que les *aveux* ou *déclarations* du mois de décembre
» 1261, prêtés par les habitants du mandement de Var-
» ces au Dauphin Viennois, ne forment, en faveur de ce
» dernier , qu'une reconnaissance *des servitudes et*
» *devoirs seigneuriaux,* dont l'effet ne pouvait être de
» détruire la liberté naturelle des fonds, ni d'en transfor-
» mer la propriété, et qui, d'ailleurs, seule et isolée
» comme elle est, serait insuffisante pour établir les droits
» privatifs du seigneur ;

» Que, d'un autre côté, le contrat d'échange de 1289,
» entre le Dauphin et Aimeric de Briançon, est un acte
» étranger aux communes défenderesses, et qui peut
» d'autant moins leur être opposé qu'il n'a jamais reçu
» aucune espèce d'exécution qui ait porté atteinte à la
» libre et pleine possession qu'elles ont eue constamment
» de leurs biens communs;

» Que le demandeur n'est pas fondé à se prévaloir de
» la *directe universelle* attachée au fief, dont l'efficacité,
» à supposer qu'elle fût admise dans l'ancien Dauphiné,
» aurait été anéantie par les lois abolitives de la féodalité;

» Attendu, dès lors, que l'arrêt attaqué, en jugeant
» que le demandeur n'avait ni titre de propriété, ni pos-
» session équivalente à titre des bois et pacquerages
» existant dans l'ancien mandement des Varces, n'a violé
» aucun principe de droit préexistant et aucun texte des
» lois invoquées....»

» A ce texte il conviendra de joindre celui de l'arrêt
de Grenoble, que la Cour de Cassation a consacré, et, au
besoin, celui du 19 février 1855, dans la seconde affaire
de Belmont contre les communes du mandement de
Montbonnot; — celui du 18 mars 1850 pour la commune
de Lans, etc....

» De cette jurisprudence de la Cour de Cassation et de
celle de Grenoble, il en résulte ces quatre principes
désormais admis :

» 1° Le Dauphiné était de *franc-alleu*;

» 2° Toute terre y était réputée libre; la preuve du
contraire était à la charge du demandeur; *les communes
étaient présumées propriétaires primitives de leurs
communaux;*

» 3° Les actes de *reconnaissances* par les communautés et habitants, *aveux, dénombrements,* etc., ne prouvent rien contre eux pour le domaine utile ; ils servaient à établir les redevances et prérogatives seigneuriales, les directes et juridictions ; mais, plus ils prouvaient cela, plus, par cela même, ils prouvaient que le seigneur n'avait que le domaine supérieur ou la *directe,* et que le *domaine utile,* le seul qui ait résisté aux lois de la révolution, était aux habitants ;

» Il fallait au seigneur un titre suffisant pour avoir transféré sur sa tête la pleine propriété reposant primordialement sur la tête de la commune en corps ;

» 4° Les actes auxquels les communes ont été étrangères ne peuvent faire titre contre elles.

» M. de Belmont vit échouer contre ces principes des titres *très-nombreux* et qui, au premier abord, étaient capables de faire une grande illusion ; —ainsi, la reconnaissance de 1261, citée dans l'arrêt de Cassation, paraissait *décisive.* Le Dauphin faisait procéder à une constatation générale de ses droits et titres. Ses commissaires se rendent à Varces, et là, *convocatâ universitate ipsius loci et mandamenti, — ut jura et rationes domini dicerent et manifestarent, ipsa universitas, tactis evangeliis juravit.... ipsa jura et rationes dicere et manifestare....*

» Puis il est dit que les habitants ont délégué les plus probes et anciens d'entre eux, comme sachant mieux les droits du Dauphin, et ceux-ci déclarent que *tout ce qui est possédé en ce lieu est tenu du Dauphin ; que les bois noirs, les eaux, les relaissés, pâturages, alpages, etc.,* SONT DU SEIGNEUR, *à moins qu'il n'en ait passé con-*

cession à quelqu'un ; mais que, quant aux bois qui sont dans le mandement, aux eaux et pâturages, et autres choses à eux nécessaires, ils y ont un DROIT D'USAGE, qu'ils exercent en effet.

» De plus, M. de Belmont produisait un acte du mois de mars 1289, par lequel son auteur avait remis au Dauphin sa terre patrimoniale de *Bellecombe* et en avait reçu en échange celle de Varces, « *avec toute juridiction,* » *domaine et seigneurie, et avec ses habitants, fiefs,* » *fruits, censes, terres, prés,* BOIS, *relaissés.... et au-* » *tres droits, choses, possessions et actions...*»

» Il avait ensuite une série de cinquante à soixante titres divers, où les BOIS lui étaient attribués, et où les habitants étaient qualifiés D'USAGERS ; par exemple, une délibération de la commune, du 4 juin 1691, où on lisait « que les bois qu'il y a dans la dite communauté APPAR- » TIENNENT au seigneur du dit lieu, et que si les habitants » y prennent quelques bois et pacquages ou bûchages, » *ce n'est que par son ordre et permission...*»

» Mais dans tout cela, il ne se trouva rien qui pût être considéré comme translatif légalement, en faveur du seigneur, *de la propriété primordiale de la commune sur les bois.*

» Dans l'espèce actuelle, l'arrêt du 22 août 1726 pourrait-il motiver une solution différente à l'égard de la famille Peyron ?

» On ne voit point comment cela serait possible. Cet arrêt ne pourrait pas même suffire pour enlever à la commune du Revest-du-Bion la propriété des communaux qu'elle peut avoir, et, à plus forte raison, est-il inefficace à l'égard de cette famille, dont les auteurs n'y furent point partie !

» L'arrêt fut rendu entre les héritiers de Villeroy et la commune, sur un procès tendant à ce que les habitants fussent condamnés à prêter hommage, à payer les droits seigneuriaux et les censes portés par les reconnaissances, et à des dommages pour leurs mauvais usages dans les dites forêts, etc.

» Par autres conclusions les consuls et habitants consentaient la rescision de la transaction de 1700, et demandaient d'être déclarés *propriétaires des bois* de la communauté.

» Sur ce, la Cour, après un long vu de pièces, règle d'abord ce qui est relatif aux censes et hommages ; puis elle met la transaction au néant, — remet les parties au même état qu'auparavant, maintient les Villeroy dans la propriété des bois du dit Revest, ordonne un plus ample contesté sur la faculté des habitants de couper les arbres des dites forêts pour leurs usages, ainsi que sur les hommages.

» On ne sait ce qui est advenu du plus amplement contesté ordonné touchant les usages ; mais, autant qu'on en peut juger d'après l'intitulé des titres indiqués dans le *vu des pièces*, on ne pense pas qu'il s'y en trouve aucun remplissant les conditions exigées, selon les arrêts de Belmont, pour déposséder la commune de sa propriété primitive au profit du seigneur ; — et *très-probablement*, si elle se trouvait en possession de ses communaux, elle ferait rejeter toute demande en revendication qui lui serait intentée de la part des ayants droit de son seigneur.

» A supposer que l'arrêt de 1726 dût être considéré comme définitif sur la question de propriété, il ne serait point du tout l'équivalent de *l'acte d'acquisition* à titre privé, par lequel SEUL un seigneur peut être tenu pour propriétaire des bois communs.

» L'article 8 de la loi du 28 août 1792 veut que l'ancien seigneur prouve, par titres authentiques, avoir légitimement acheté ces biens ; — il dispose que « *ne* » *seront considérés comme titres ni les édits, déclara-* » *tions, arrêts du Conseil, lettres patentes,* NI LES JU- » GEMENTS, *transactions et possessions contraires.* »

» L'article 9 rejette tout acte de transmission du fief à titre universel.

» Ainsi, nonobstant l'arrêt, il faudrait en revenir à examiner les titres primitifs par lesquels on prétendrait établir le droit privatif du seigneur sur les bois.

» Mais, quoi qu'il en soit vis-à-vis de la commune, l'arrêt ne peut nuire à la famille Peyron, qui, ainsi qu'on l'a dit, n'y fut pas représentée, et elle a toute liberté de se défendre, soit en montrant que le droit général de ses adversaires sur tous les bois de la commune est une chimère, soit en disant que, ce droit exista-t-il, il n'y aurait rien à en conclure contre elle.

» Si ses adversaires faisaient juger que les communaux sont à eux, il resterait à voir si les habitants y ont ou non des usages ; mais ce serait une toute autre question que celle de savoir si les parcelles de bois possédées privativement, *à titre de maître*, comme il en est des bois de la famille Peyron, font partie intégrante des bois de la seigneurie, de telle sorte qu'elle aussi soit réduite à n'être qu'*usagère* là où elle a toujours joui en *plein pro-priétaire*.

» Ici, les ayants droit du seigneur auraient une nouvelle tâche à remplir, celle, déjà indiquée, de montrer le
titre établissant que la possession de la famille Peyron
n'a commencé qu'à titre d'usage, et de la réduire ainsi
à la nécessité de produire un titre nouveau, ou de justifier d'une prescription acquise au moyen d'une interversion de titre. Il servirait de peu d'avoir établi qu'elle
n'était qu'*usagère*, comme tous les autres habitants dans
les bois communaux indivis, car elle pourrait très-bien être
usagère quant à ce, et être en même temps *plein propriétaire* des bois de son domaine privé.

» Or, en l'état, cette tâche leur est impossible; l'arrêt,
quant à ce, ne leur sert absolument de rien, et, parmi
tous les autres documents invoqués, il ne paraît pas
qu'aucun soit applicable spécialement aux bois du domaine de *Pierrerousse*, du moins, il en est ainsi de tous
ceux qui sont indiqués dans les notes soumises au conseil, où ils ne sont pas toutefois analysés de manière à
pouvoir les apprécier en détail.

» Dans le nombre sont plusieurs baux emphytéotiques
perpétuels, contenant des clauses plus ou moins équivo-
ques au sujet des bois implantés sur les terrains ainsi
baillés. Mais aucun de ces baux n'est spécial au domaine
de *Pierrerousse*.

» Pour donner consistance au procès qu'on fait à la
famille Peyron, c'est celui-là qu'il faudrait produire. A
ce défaut, toutes dissertations, tous commentaires sont
oiseux; ce sont pures théories, sans application possible à
l'espèce; car qu'importerait qu'on en vînt à en déduire
que, dans un temps, le seigneur avait la propriété du
tout, et que, dans les concessions connues, il s'était ré-

servé les bois, sauf des usages pour les concessionnaires ;
cela n'empêcherait pas qu'il eût pu faire des albergements
ou emphytéoses, et même des aliénations ordinaires, par
vente ou donation, comprenant la pleine propriété de
certaines parcelles de forêts; plus on prouverait qu'il
était propriétaire, plus on prouverait qu'il pouvait aliéner.

» Dès lors rien ne pourrait dispenser de conclure,
selon le droit, que la famille Peyron, qui a la pleine possession aujourd'hui, est réputée l'avoir eue dans l'origine,
et cela en vertu d'un titre légitime.

» Il est bien vrai que *ad primordium tituli posterior
formatur eventus*, et c'est pour cela qu'en général *l'usager ne peut prescrire ;* mais encore est-il que le titre doit
paraître, sans quoi le fait de la possession actuelle est
insurmontable. — C'est ainsi que se vérifie le brocard :
« qu'il vaut mieux n'avoir pas de titre que d'en avoir un
» mauvais. »

» Bien plus, ce serait même le cas d'aller plus loin et
de supposer que la propriété de la famille Peyron remonte
aux époques tout-à-fait primitives et est antérieure même
à l'existence des seigneurs. — Ce serait une étrange idée
de prétendre que la vallée de Sault, par exemple, a
débuté par être la propriété exclusive, pleine et entière,
de ses seigneurs, et que nulle parcelle de terre, cultivée
ou non, n'y a appartenu qu'aux particuliers auxquels
des concessions ont été faites !

» Ce serait contraire autant à la nature des choses
qu'aux notions historiques. Il y avait, certes, des habitants dans cette partie de la province avant qu'il n'y eût
des seigneurs ; ceux-ci sont arrivés quand déjà la popu-
lation était établie à peu près partout, et la propriété pri-

vée parfaitement constituée. — Ils furent investis d'une fraction de l'autorité publique, comme administrateurs ou gouverneurs de leur canton, — *à vie* probablement d'abord, puis *héréditaires*, et les règles du droit féodal se développèrent ; — elles leur attribuèrent des droits divers, et même un domaine supérieur, appelé *Directe*, (voir ci-dessus) qui finit par s'étendre et par devenir *Directe universelle*, presque partout, dans l'étendue de leur juridiction.

» Sans doute, ils durent faire des concessions et albergements sur ce qui leur appartenait réellement, pour accroître leur puissance, en augmentant le nombre de leurs vassaux ; mais, à raison du pouvoir protecteur dont ils étaient dépositaires, il arriva fréquemment que les propriétaires libres cherchèrent à s'assurer leur protection en se soumettant à leur directe ; nos auteurs en font foi.

» Tout cela n'altéra nullement la propriété privée des possesseurs, qui prit le nom de *domaine utile ;* et rien ne prouve mieux qu'il en fut ainsi que le soin que prirent les seigneurs eux-mêmes, dès les temps les plus reculés, de se faire faire des reconnaissances de ce qui leur appartenait. Si tout avait été à eux et *rien à leurs sujets*, à quoi bon ces formalités?

» Or, ces reconnaissances, — et c'est ce que les arrêts de Belmont ont eu surtout pour objet de préciser, ne dépassaient pas le cercle *des droits et du domaine* FÉODAUX ; le domaine privé ou utile de chacun restait parfaitement intact.

» Ainsi, il n'y a rien dans la cause qui empêche d'admettre que les terres et bois de *Pierrerousse* étaient propriété privée, avant même qu'il n'y eût de seigneur, et que le plus, c'est qu'ils aient été de la *directe* de celui-ci, ce qui importe très-peu.

» Il faudrait peut-être ici faire encore une distinction. *Pierrerousse* était autrefois, à ce qu'il parait, un fief séparé, ou arrière fief ; de sorte que son seigneur particulier aurait eu la directe immédiate sur toutes les terres en dépendant ; le comte de Sault (ou autre suzerain) n'y aurait plus eu qu'un domaine supérieur du second degré, et ce n'eût pas été lui qui eût eu droit et qualité pour y passer des albergements.

» Mais il est inutile de descendre jusqu'à ce détail ; il faudrait d'ailleurs, pour cela, avoir sous les yeux tous les titres et documents invoqués par les ayants droit du seigneur, comme s'appliquant directement aux bois possédés par la famille Peyron.

» Au résumé donc, le soussigné est d'avis :

» 1º Que l'arrêt du **22** août **1726** ne peut nuire à cette famille, soit parce qu'elle n'y a pas été représentée, et que sa propriété particulière n'y a été nullement en question ; soit parce qu'il n'en résulte pas même que les représentants du seigneur aient la propriété des bois demeurés indivis et communs ;

» 2º Qu'il n'y a rien non plus à conclure contre elle de divers emphytéoses, dénombrements, reconnaissances, règlements et transactions, indiqués sommairement dans les notes ci-dessus visées.

» Pour avis, à la charge du timbre, Grenoble, le **21** février **1858**. Théod. Auzias (signé). »

A l'appui de la thèse que nous avons essayé de soutenir, nous pourrions encore rapporter tout au long les réponses de plusieurs éminents jurisconsultes auxquels nous l'avons soumise à diverses époques.

Ainsi, au sujet de la théorie relative aux *baux emphytéotiques perpétuels,* dans l'ancien comté de Sault, exposée ci-dessus, IIe *partie,* §§ III, IV et V, les savants rédacteurs du *Journal des notaires et des avocats* nous écrivaient, le 25 janvier et le 26 février 1845 : «... Il serait » difficile de donner des développements plus complets » à la fois et plus satisfaisants sur l'hypothèse en ques- » tion, que ceux qui sont présentés dans le mémoire » imprimé que vous nous avez communiqué. Nous en » adoptons complétement toutes les conclusions, qui nous » semblent déduites avec une grande netteté des faits » exposés et des actes à l'appui...... La déduction géné- » rale qu'on en peut tirer est formulée dans la note » manuscrite qui sert de *post scriptum* au mémoire. » *Ainsi, dans l'ancien Comté de Sault, l'emphytéose* » *comprenait les terrains aussi bien que les bois et ar-* » *bres y radiqués.... ....* Vous avez mis, Monsieur, » cette vérité tellement en lumière dans votre mémoire, » qu'il est difficile d'y ajouter de nouveaux développe- » ments....

« Nous ne pouvons que persister dans l'opinion que » nous avons déjà présentée dans notre précédente ré- » ponse, et qui n'est, en quelque sorte, que le résumé de

» votre excellent travail......... Nous ajoutons que la
» lecture de l'arrêt de Nimes (1), n'a pu modifier nos
» convictions sur la thèse générale que vous avez si bien
» défendue. Les nouvelles observations par lesquelles
» vous critiquez cet arrêt nous paraissent d'une haute
» gravité, et nous croyons que la Cour de Nimes s'est
» exposée à la cassation pour avoir méconnu les princi-
» pes qui régissaient l'ancienne emphytéose perpétuelle.

» Toutefois, nous ne vous dissimulons pas le grave
» danger qui peut menacer le pourvoi. Ce danger
» consiste en ce que la Cour suprême pourra facilement
» admettre que l'arrêt de la Cour de Nimes ne contient,
» en définitive, qu'une appréciation d'actes anciens, et
» que cette appréciation est souveraine (2). Cette solution,
» qui peut d'ailleurs s'appuyer avec beaucoup d'appa-
» rence sur un grand nombre de rapprochements contenus
» dans l'arrêt, permettrait à la Cour régulatrice d'éviter
» le débat sur des questions très-délicates de droit ancien
» et féodal, dont tous les jurisconsultes de nos jours ne
» sont pas également bons juges. C'est là, encore une
» fois, le véritable danger du pourvoi.....»

« J'ai lu avec intérêt, — nous écrivait sur la même
» question, le 26 mars 1845, M. E. Rigaud, avocat au
» Conseil d'État et à la Cour de Cassation, — l'imprimé
» que vous m'avez adressé ; la discussion en est très-
» bonne, etc. ..»

(1) Celui du 21 août 1844.
(2) C'est précisément ce qui est arrivé quelques mois plus tard.

« J'ai lu avec beaucoup d'intérêt votre Mémoire pour
» les habitants de l'ancien Comté de Sault ; il me paraît
» fondé sur les véritables principes. Autant que j'en puis
» juger, n'ayant pas sous les yeux les titres de propriété,
» la propriété des bois devait appartenir *originairement*
» aux communes, et, *dans le doute, la présomption est*
» *en leur faveur*. J'ai eu l'occasion de faire des recher-
» ches historiques sur l'origine de la propriété commu-
» nale, et je suis convaincu que cette propriété est pri-
» mitive et ne dérive point d'une concession seigneuriale,
» dans les pays de montagnes et surtout dans les Alpes
» et les Pyrénées..... » (Lettre de M. Dareste, avocat
au Conseil d'Etat et à la Cour de Cassation, du 27 juin
1857.)

Nous sera-t-il permis enfin de rapporter seulement deux
lignes de la lettre, infiniment honorable, par laquelle un
homme illustre à plus d'un titre, M. Charles Giraud, de
l'Institut, le 20 février 1858, daignait encourager nos
efforts dans la rude tâche que nous nous sommes imposée? «.... La cause que vous défendez m'a paru aussi
» juste en droit d'équité que bien motivée en droit posi-
» tif. J'apprendrai avec plaisir le résultat de vos efforts,
» et je ne doute pas qu'il ne vous soit favorable...»

Et maintenant, dans l'attitude la plus respectueuse,
avec l'accent de la supplication, — pour nous et pour
tant d'autres personnes dont les intérêts se trouvent ici
très-gravement engagés, — intérêts, cette fois, non point
de spéculation avide et d'industrialisme, mais intérêts
tout agricoles, intérêts vraiment sérieux, sacrés comme

le patrimoine ici mis en question, de plus de deux cents familles ! — Voici ce que nous demandons à nos juges : une étude sérieuse et approfondie, un examen minutieux et sévère de tous les points de fait et de droit de la cause, — et puis, VÉRITÉ et JUSTICE !

Mazan, juin 1858.

Amédée PEYRON,

Notre, lic. en droit.

FIN.

TABLE

OU SOMMAIRE DE CE PETIT TRAVAIL.

Iʳᵉ PARTIE. — PRINCIPES.

IIe PARTIE. — APPLICATION.

XII. — SEULS, les droits procédant d'un TITRE PRIMORDIAL ou d'un TITRE ACQUISITIF de propriété foncière, s'il en existait ou s'il en était produit, — auraient survécu, en tout ce qu'ils avaient de réellement FONCIER et non FÉODAL, à l'abolition de la féodalité ; — TOUS AUTRES DROITS, tels que celui pouvant procéder jadis de la qualité de *seigneur direct*, ou d'autre semblable source, — *de disposer des terres gastes*, ou incultes, biens vacants, etc., ONT PÉRI INFAILLIBLEMENT avec le *régime féodal*, qui, SEUL, en constituait le principe ou la raison d'être. 60

XIII. — Lorsque l'ancien seigneur a baillé ou concédé, *n'importe à quel titre*, des terres à emphytéose, il n'a point entendu ne pas comprendre dans le bail ou concession les bois et arbres y radiqués.   59 à 82

XIV. — De sorte que, en vertu des principes plus haut exposés, et, au besoin, en force des lois nouvelles, l'emphytéote se trouve aujourd'hui incommutable propriétaire de ces terres aussi bien que des bois et arbres y radiqués.   83

XV. — Les jugements et arrêts qui ont décidé le contraire sont TRÈS-CERTAINEMENT ERRONÉS.   84 à 99

IIIe PARTIE. — QUESTIONS ACCESSOIRES OU SUBSIDIAIRES.

IVe PARTIE.

DEUX CAS SPÉCIAUX OU EXEMPLES DES PRÉTENTIONS DE NOS ADVERSAIRES.

§ 1er. — Ils prétendent à la propriété des bois de l'ancien mandement de *Pierrerousse*, ou soit du domaine actuel de ce nom :

I. — Malgré les termes de l'acte de donation, du 2 juin 1337.   45

§. II. — LES BOIS ET ARBRES DE L'ANCIENNE SEIGNEURIE DE REDORTIERS.

APPENDICE.

FIN DE LA TABLE.

9 782329 794082